As Grandes Lições da Vida

Hal Urban

As Grandes Lições da Vida

SEXTANTE

Publicado em acordo com Simon & Schuster, Inc.

tradução
Claudio Figueiredo

preparo de originais
Regina da Veiga Pereira

revisão
Clara Diament
Sérgio Bellinello Soares

projeto gráfico e diagramação
Valéria Teixeira

capa
Miriam Lerner

fotolitos
R R Donnelley América Latina

impressão e acabamento
Cromosete Gráfica e Editora Ltda.

CIP-BRASIL. CATALOGAÇÃO-NA-FONTE
SINDICATO NACIONAL DOS EDITORES DE LIVROS, RJ

U63g Urban, Hal, 1940-
As grandes lições da vida / Hal Urban, 1940- [tradução Claudio Figueiredo]. – Rio de Janeiro: Sextante, 2004.

Tradução de: Life's greatest lessons
Inclui bibliografia
ISBN 85-7542-101-8

1. Conduta. 2. Sucesso. I. Título.

03-2602. CDD 158.1
CDU 159.94

Editora Sextante (GMT Editores Ltda.)
Rua Voluntários da Pátria, 45 – Gr. 1.404 – Botafogo
22270-000 – Rio de Janeiro – RJ
Tel.: (21) 2286-9944 – Fax: (21) 2286-9244
Central de Atendimento: 0800-22-6306
E-mail: atendimento@esextante.com.br
www.sextante.com.br

SUMÁRIO

INTRODUÇÃO

A vida é uma sucessão de lições que precisam ser vividas para serem compreendidas.

Ralph Waldo Emerson

ESCREVI ESTE LIVRO POR QUATRO MOTIVOS

1. Porque nunca se é jovem demais ou velho demais para aprender as grandes lições da vida... E sempre é o momento certo

Fui professor durante 35 anos e adorava cada minuto do meu trabalho. Vivia no melhor dos mundos – ensinava a adolescentes em turmas do segundo grau, a adultos numa universidade administrada por jesuítas e dava palestras em escolas primárias para crianças das séries intermediárias. Descobri há muito tempo que, independentemente da idade, as pessoas mostram-se ansiosas por aprender quando isto significa compreender a vida mais profundamente e vivê-la de um modo mais pleno. As cartas e e-mails que recebo de crianças, adolescentes e adultos confirmam este fato.

Santo Inácio de Loyola, um dos maiores educadores do mundo, disse certa vez que só aprendemos quando estamos prontos para isso. Ao longo de toda a minha vida, nunca presenciei uma época como a de hoje, na qual tantas pessoas estão não apenas abertas à aprendizagem, como também dispostas a reexaminar seus valores e prioridades. Depois de passar por um período de progressos sem precedentes nos campos econômico e tecnológico, nosso mundo enfrenta uma turbulência. O fenômeno ponto-com das empresas da Internet sofreu uma implosão; a Bolsa de Valores e a economia estão em queda livre; os acontecimentos de 11 de setembro de 2001 não apenas nos angustiaram como fizeram com que nos déssemos conta de nossa fragilidade, e os escândalos recentes envolvendo grandes corporações também nos deixaram chocados e consternados.

Na condição de alguém que estudou e ensinou história durante muitos anos, sei que tempos difíceis acabam por estimular o que há de melhor em nós. Quando as pessoas começam a se perguntar o que é realmente importante, geralmente chegam às respostas certas. Fico contente e honrado com o fato de o meu livro estar colaborando com este processo.

2. Porque na escola eles não ensinam "como a vida funciona" ou "o que é essencial"

As escolas – do primário até a faculdade – têm a difícial tarefa de promover o conhecimento e desenvolver habilidades. Mas falta algo no currículo. Não ensinam aos estudantes coisas sobre a vida em si, sobre como ela funciona e o que é *essencial*. E nunca foi tão necessário ensinar isso.

Precisamos de outro lugar além da proverbial "dura escola da vida" para adquirir as ferramentas com as quais podemos ser bem-sucedidos. Precisamos de ajuda para desenvolvermos as atitudes e os meios necessários para estabelecer relações satisfatórias, para definir e alcançar metas pessoais e para saber apreciar nosso próprio valor.

Como educador, senti por muitos anos essa necessidade. Mas meus apelos caíram em ouvidos surdos. Os administradores estavam mais preocupados com orçamentos e testes para aferir desempenhos. Ajudar nossos estudantes a se tornarem bons seres humanos não parecia ser responsabilidade da escola. Então escrevi este livro para preencher essa lacuna, para nos ajudar e a nossos filhos a entender o que é importante, o que significa ter um bom caráter e o que significa ter sucesso na vida.

3. Porque a maioria de nós precisa de ajuda para descobrir até que ponto podemos ser bons

Há alguns anos, ao participar de uma conferência, ouvi um psicólogo dizer que, quando uma pessoa chega à idade de 18 anos, ela já foi oprimida mais de cem mil vezes. Não sei como ele chegou a essa cifra, mas não me surpreendeu. Esta é a verdade: nós nos deixamos *mesmo* abater e oprimir demais. Este processo de abatimento e opressão começa numa idade ainda tenra, tem sua origem numa variedade enorme de fontes e continua pela vida adulta afora. Como se não bastasse isso, o noticiário da mídia nos diz todos os dias o que há de errado com o mundo e com seus habitantes. Esta carga de mensagens negativas também tem seu preço. Quanto maior for a freqüência com que ouvimos algo, maior será a probabilidade de acreditarmos no que nos é transmitido.

Meu objetivo não é examinar *por que* isso acontece, mas simplesmente mostrar que esta é uma das verdades lamentáveis a respeito da vida. Escrevi este livro porque acredito que precisamos de ajuda para focarmos nossa atenção no outro lado da humanidade. Acredito que a esmagadora maioria das pessoas no mundo é obediente às leis, dedicada e responsável. Mas não atrai nenhuma publicidade por ser assim. Ser bom não dá notícia. Também acredito que a maioria das pessoas se subestima. Temos boas qualidades que ignoramos, temos recursos interiores que ainda não descobrimos e temos oportunidades com as quais nem sonhamos. Espero que este livro traga à tona algumas coisas positivas num mundo que parece apegar-se aos elementos negativos. Encontrar o lado bom da vida pode ser um dos nossos maiores prazeres.

4. Porque a verdade tradicional nunca sai de moda... Mesmo com uma nova geração

Mais ou menos um ano antes de eu escrever o primeiro rascunho deste livro, dei uma palestra chamada "O verdadeiro significado do sucesso" para um grupo de estudantes universitários. Comecei chamando atenção para algumas das mensagens com que somos constantemente bombardeados. Queria que eles soubessem que minha mensagem iria justamente no sentido contrário. Comecei então dizendo o que eu *não* tinha: eu não tinha "segredos" nem "fantásticas novas técnicas" de como atingir o sucesso, nenhuma "fórmula mágica" para a felicidade perfeita, nenhum método "rápido e fácil" para tornar-se rico e poderoso, nenhum método "raro" para obter tudo o que se quer.

Em vez disso, falei naquele dia sobre alguns valores eternos como respeito, bondade, honestidade, apreço, desejo, trabalho duro, compromisso e a capacidade de ser uma boa pessoa. Coloquei minha ênfase no fato de que não existem nenhum atalho, nenhum caminho fácil e nenhum novo método para atingir o verdadeiro sucesso. É algo que ainda precisamos fazer por merecer.

Fiquei ao mesmo tempo surpreso e contente ao ver quantos estudantes vieram me procurar depois da palestra. Um deles falou: "Sabe, você na verdade não disse nada que eu não tivesse ouvido antes, mas juntou as coisas de um modo que elas passaram a fazer mais sentido. Você realmente lançou uma nova luz sobre algumas velhas verdades." Então, um professor mais maduro que estava por perto disse: "Obrigado. Todos nós precisamos de que nos lembrem o que é realmente importante." Ali estavam um jovem que acabara de entrar na faculdade e um homem mais velho aproximando-se do fim da sua carreira me dizendo a mesma coisa. Puxa, como adorei aqueles dois! Eles me ajudaram a decidir que eu *tinha* de escrever o livro.

1

SUCESSO É MAIS DO QUE GANHAR DINHEIRO

Sucesso significa fazer o melhor que pudermos com aquilo que temos. Sucesso está em fazer, não em obter – está na tentativa, não no triunfo.

Wynn Davis

A DESCOBERTA MAIS IMPORTANTE DA VIDA

Eu tinha 39 anos quando descobri o que significava ter sucesso. Como foi isso? Tornei-me executivo de uma das quinhentas empresas da lista da revista *Fortune?* Fui para casa ao volante da minha primeira Mercedes? Ganhei na loteria? Levei para casa o grande prêmio do programa *Quem Quer Ser um Milionário?* Nenhuma das respostas acima. Fiz apenas uma descoberta simples, mas profunda. Descobri como a vida funciona e quais são as suas verdades *essenciais*. Depois de anos de equívocos, comecei a compreender o que significa ter sucesso na vida e como chegar lá. Com essa descoberta vieram duas coisas que sempre tinham me escapado: uma sensação de paz interior e um sentimento feliz a respeito do meu próprio valor. E, melhor de tudo, comecei a aproveitar a vida mais do que antes.

Então, que grande descoberta foi essa? Existe mesmo uma fórmula para ser bem-sucedido? Estou convencido de que existe. Mas você não vai encontrá-la embrulhada num belo pacote já pronto ou anunciada na TV. Não é nova, não é um segredo e nada tem de mágico. Logo, não vai vender. É antiga demais, simples demais e inocente demais. Mas *funciona*.

Depois de anos estudando história, filosofia e psicologia, compreendi que a vida e o sucesso podem ser reduzidos a alguns princípios fundamentais que existem há milhares de anos. Depois de seguir vários caminhos diferentes à procura de uma "vida boa", terminei onde havia começado e com o que eu agora chamo de verdades tradicionais. Como Edward Albee diz em sua peça *A História do Zoológico*, "...às vezes é necessário se desviar do caminho por uma longa distância para voltar na direção correta a uma curta distância".

Este livro contém a fórmula? Você vai encontrá-la entre as "vinte coisas realmente importantes"? Espero que sim. Acredito sinceramente que, se aplicar esses antiqüíssimos princípios de forma coerente, você irá ao mesmo tempo entender e experimentar o verdadeiro significado do sucesso. Um provérbio sueco nos diz que ficamos velhos depressa demais e espertos tarde demais. Talvez isso não tenha de acontecer assim. Talvez este livro vá ajudá-lo a ficar esperto mais rapidamente do que eu fiquei. E mesmo se você for mais velho, nunca é tarde demais para aprender. As pessoas mais espertas do mundo são as que sabem como ser felizes.

SUCESSO E DINHEIRO

Parece que não conseguimos chegar a uma conclusão a respeito do dinheiro – se ele é bom ou ruim. Quando alguém é descrito como bem-sucedido, geralmente significa que é rico. Então o dinheiro deve ser bom. Mas dizem que o dinheiro não compra felicidade. Então deve ser ruim. Pessoas ricas doam bilhões de dólares para causas nobres. Então o dinheiro é bom. Mas também já ouvimos dizer que o dinheiro é a raiz de todo o mal. Então é ruim, de novo. Pessoas que não são ricas criticam aquelas que são ricas, mas elas mesmas adorariam ser ricas. Então, como é que ficamos: é bom ou ruim?

Nenhum dos dois. Mas, como vivemos numa sociedade que costuma freqüentemente igualar dinheiro e sucesso, o tema precisa ser examinado. Alguns dos mitos sobre isso precisam ser esclarecidos para que o dinheiro possa ser encarado da perspectiva adequada. Há dois pontos a respeito do dinheiro para os quais eu gostaria de chamar a atenção:

1. Dinheiro não é ruim

Em algum lugar da Bíblia está dito que o dinheiro se encontra na raiz de todo o mal? Não. O que a Bíblia diz é que *o amor* ao dinheiro está na raiz de todo o mal. Há uma grande diferença. Não há nada de errado com o dinheiro. Não há nada de errado em querer dinheiro ou em possuí-lo, mesmo em grandes quantias. A chave da questão está em como o ganhamos e no que fazemos com ele. Ganho honestamente e bem gasto, o dinheiro pode ser a fonte de muitas coisas boas. Pode comprar felicidade? Se alguém disse que não, provavelmente não tinha o bastante. Na verdade, o dinheiro vai comprar muito mais felicidade do que a pobreza será capaz de comprar. Acho que Pearl Bailey disse tudo quando falou: "Meu bem, eu fui pobre e fui rica. E deixe lhe contar uma coisa: ser rica é melhor." Provavelmente é melhor na maioria dos casos. Não há nada de ilegal ou imoral em ser rico, mas isso não é tudo na vida.

2. Dinheiro não é a única coisa em que podemos ser bem-sucedidos

Durante os anos 80, líamos e ouvíamos constantemente sobre como muitas pessoas estavam se tornando milionárias... e sobre como tantos milionários estavam se tornando bilionários. Nos Estados Unidos, alguns dos mais badalados foram parar na prisão. Ivan Boesky, um dos magos do mundo financeiro da época, chegou mesmo a dizer: "A cobiça é uma coisa boa." Disse isso meses antes de ser indiciado por um júri federal. Ele estava falando em público o que muita gente vinha dizendo em particular: sucesso e riqueza são sinônimos.

Agora, olhando para o passado, a corrida pela riqueza nos anos 80 parece um fenômeno ameno. Aquilo era só um aquecimento para os meteoros das ponto-com e da Bolsa nos anos 90. Passamos a ser informados quase que diariamente sobre quem eram os novos "bilionários instantâneos", e um número enorme de pessoas colocou em risco sua saúde, seus contatos e recursos para se juntar a essas fileiras. E muito freqüentemente a ética e alguns dos nossos mais importantes valores foram relegados ao banco de trás, cedendo lugar à riqueza e ao estilo de vida que os acompanhavam.

Os escândalos envolvendo grandes corporações continuam a se desdobrar enquanto escrevo estas linhas – Enron, Arthur Andersen, Tyco, Xerox, WorldCom e outras são exemplos perfeitos. Na Enron, por exemplo, a companhia e seus executivos estavam no topo do mundo. Mas acabaram sendo derrubados por causa do modo como haviam chegado lá. Seu império está agora em ruínas. E, devido ao que a revista *Newsweek* chamou de "ganância executiva" e "ética da cobiça, do ou-vai-ou-racha" do mundo dos negócios, milhares de funcionários inocentes e de investidores perderam seus empregos e até as economias de uma vida inteira.

Isso é o que acontece quando perdemos a perspectiva ao lidarmos com dinheiro. A vida acaba sendo distorcida. Não foram apenas os que acabaram na prisão nos anos 80 ou foram à falência nos anos 90 e no início de 2000 que se perderam ao perseguir o dólar todo-poderoso. Muitos dos que ganharam legalmente grandes somas de dinheiro e conseguiram mantê-las ficaram de mãos vazias. O Grupo Tom Peters realizou entrevistas extensas com milhares de executivos durante esse período. Quase metade deles disse que, apesar dos anos gastos para atingir suas metas financeiras, suas vidas pareciam "vazias e sem sentido". Sessenta e oito por cento dos executivos seniores entrevistados disseram ter negligenciado a vida familiar para tentar atingir seus objetivos profissionais.

Essas eram pessoas que tinham dinheiro, propriedades, poder

e status. Por que não eram felizes? Porque ter essas coisas não é o mesmo que ter sucesso. Elas perderam de vista o *essencial*. Ficaram viciadas, transformando-se em escravas do dinheiro e das coisas que o acompanham. Nesse processo estragaram suas vidas, assim como as vidas de outros. Sucesso é mais do que ganhar dinheiro. Ao exagerar sua importância, nós nos enganamos e nos privamos das outras coisas que tornam a vida tão mais interessante, significativa e recompensadora.

O QUE SIGNIFICA SER BEM-SUCEDIDO?

O grande filósofo Thomas Carlyle escreveu certa vez: "Deixemos que cada um se torne tudo aquilo que pode vir a ser segundo a capacidade que recebeu ao ser criado." Não consigo pensar numa definição melhor para o sucesso. A vida diariamente nos desafia para que desenvolvamos plenamente nossa capacidade. Somos bem-sucedidos quando alcançamos o nível mais alto possível dentro de nós – quando damos o melhor de nós mesmos.

A citação no início deste capítulo diz que o sucesso está em *fazer*, não em *conseguir*. Nunca é demais enfatizar isso. A vida não exige que estejamos sempre no topo. Pede apenas que demos o melhor de nós em cada experiência vivida. Isso é o que pessoas bem-sucedidas *fazem* em algumas das mais importantes áreas da vida:

- Pessoas bem-sucedidas aceitam a vida como ela é, com todas as suas dificuldades e desafios. Em vez de se queixarem dela, se adaptam a ela. Aceitam a responsabilidade sobre suas próprias vidas em vez de pôr a culpa nos outros ou arrumar desculpas. Dizem SIM à vida apesar dos seus elementos negativos e fazem o melhor possível com ela, não importa em que circunstâncias.
- Pessoas bem-sucedidas desenvolvem e mantêm uma ati-

tude positiva em relação à vida. Procuram coisas boas nos outros e no mundo e geralmente parecem encontrá-las. Vêem a vida como uma série de oportunidades e possibilidades, e sempre que possível as exploram.

- Pessoas bem-sucedidas constroem bons relacionamentos. São sensíveis às necessidades e aos sentimentos dos outros. Mostram consideração e respeito pelos outros. Possuem talento para fazer vir à tona o que as outras pessoas têm de melhor.

- Pessoas bem-sucedidas têm um sentido de direção e de propósito – sabem aonde estão indo. Estabelecem metas, cumprem estas metas e se propõem novos objetivos. Elas aceitam e gostam de desafios.

- Pessoas bem-sucedidas mostram muita vontade de aprender: a respeito da vida, do mundo, de si mesmas. Para elas, aprender é um prazer, não um dever. Tornam suas vidas cada vez mais ricas ao aprenderem novas coisas e ao se aperfeiçoarem. Estão sempre descobrindo, sempre crescendo.

- Pessoas bem-sucedidas são voltadas para a ação. Fazem as coisas porque não têm medo de trabalho duro e não perdem tempo. Elas usam o tempo de modo construtivo. Não caem na rotina e não se sentem entediadas porque estão ocupadas demais à procura de novas experiências.
- Pessoas bem-sucedidas mantêm altos padrões na sua conduta pessoal. Elas sabem que a honestidade é um dos principais ingredientes do caráter de uma boa pessoa. Mostram coerência e são confiáveis tanto na sua vida privada como na pública.

- Pessoas bem-sucedidas compreendem a diferença entre existir e viver – e sempre optam por viver. Obtêm o máximo das suas vidas porque investem o máximo possível nelas. Colhem o que plantam. E aproveitam a vida plenamente.

NOSSO POTENCIAL PARA O VERDADEIRO SUCESSO

> *Na nossa sociedade atual, muitas pessoas nunca realizam todo o seu potencial. O ambiente em que vivem pode não estimular esta realização ou pode mesmo tolher seu crescimento... Nossa força, criatividade e crescimento como uma sociedade dependem de nossa capacidade para desenvolver talentos e potencialidades do nosso povo.*
>
> John Gardner

Durante muitos anos mantive essa citação escrita em letras bem grandes na minha sala de aula. Servia como um lembrete para mim e para os meus alunos de que há muito mais dentro de nós esperando para ser realizado. John Gardner foi um antigo secretário de Saúde, Educação e Previdência e autor de vários livros. Em *Excelência*, ele escreveu que muitos de nós nunca chegam a se desenvolver plenamente devido às influências do ambiente em que vivemos. Eu concordo. Simplesmente ficamos zonzos com o excesso de mensagens que nada têm a ver com o verdadeiro sucesso. Somos estimulados a procurar a solução rápida em vez de olhar para os recursos que trazemos dentro de nós. Se não olhamos, não os encontramos, e as nossas capacidades permanecem escondidas. Acabamos vendo limitações em vez de possibilidades.

Mas há um lado positivo em tudo isso. Quando tomamos consciência do que nos acontece, podemos fazer algo a respeito. É por isso que coloquei uma outra citação ao lado da de Gardner:

> *A boa notícia é que a melhor época da sua vida pode estar à sua frente, não importa a sua idade ou as circunstâncias em que se encontre se você decidir agir de acordo com essa idéia, porque 90% do seu potencial não está sendo usado – não foi sequer descoberto. Esta não é apenas uma boa notícia, é uma notícia fantástica!*
>
> Tim Hansel

Tim Hansel é um aventureiro, conferencista, autor de seis livros e um homem que diariamente extrai da vida tudo que é possível. Ele é também um antigo colega e um amigo muito querido. Quando há vários anos demos um curso de psicologia juntos, estimulávamos constantemente nossos alunos a olharem para dentro de si mesmos – para descobrirem o que havia de bom neles e reconhecerem o enorme potencial que traziam dentro de si. Nós os encorajávamos a *serem* mais e a *fazerem* mais. Surpresa! Eles tinham 18 anos e nunca tinham ouvido nada parecido antes.

Cerca de um ano mais tarde, comecei a apresentar o mesmo desafio aos meus alunos na Universidade de São Francisco. A maior parte deles estava na casa dos trinta ou quarenta anos, alguns até mais velhos. Sabem de uma coisa? Ninguém jamais havia lhes ensinado algo sobre o seu potencial também. No fim de uma grande discussão em sala de aula sobre esse tema, uma mulher de 47 anos pareceu resumir as coisas quando disse: "Sabe, você tem razão. Gastamos tempo demais de nossas vidas nos movimentando de um lado para o outro. Mas parece que *não* aproveitamos nosso potencial." No entanto, como Tim nos lembra na sua citação, o fato de tantas coisas em nós ainda estarem por ser descobertas é uma boa notícia. Esta é uma das principais mensagens deste livro. Jovens ou velhos, alunos de segundo grau ou doutores, sempre podemos aprender mais a respeito do nosso potencial para nos transformarmos nas pessoas que nascemos para ser. Se olharmos dentro de nós, encontraremos todos os recursos de que precisamos para obter o verdadeiro sucesso.

> *Ser o que nós somos, e nos tornarmos aquilo que temos capacidade para vir a ser, este é o único objetivo da vida.*
>
> Robert Louis Stevenson

2

A VIDA É DURA... E NEM SEMPRE JUSTA

A vida é uma série de problemas. Queremos ficar resmungando sobre eles ou resolvê-los?

M. Scott Peck

UMA DAS LIÇÕES MAIS PRECIOSAS DA VIDA

Nem sempre a vida corre do jeito que gostaríamos. Se fosse do nosso jeito, ela seria mais fácil, seria coerente e justa – e também mais divertida. Não haveria dor nem sofrimento, não teríamos de trabalhar e não teríamos de morrer. Ficaríamos felizes o tempo todo. Infelizmente, as coisas não acontecem do nosso jeito. Em vez disso, o que temos é a realidade. Mas a realidade é uma grande professora. Ela nos ajuda a aprender – mesmo que muitas vezes lenta e dolorosamente – algumas das mais valiosas lições da vida. Uma delas é esta: *O mundo não vai se dedicar a nos fazer felizes.*

Gostemos ou não, esta é uma das grandes verdades da vida, uma das primeiras e mais valiosas lições em matéria de realidade. Há milhares de anos os filósofos vêm discutindo por que a vida funciona desse jeito, mas esta não é minha preocupação neste livro. Quero falar sobre *como* a vida funciona. Se não entendermos e aceitarmos a vida como ela é, ficaremos sempre ansiando por uma coisa diferente que nunca conseguiremos. Ficaremos reclamando e nos queixando do modo como as coisas deveriam ser mas que nunca serão. Esta é uma das lições mais valiosas porque, quando compreendermos que o mundo não vai se dedicar a nos fazer felizes, começaremos a aceitar a nossa responsabilidade.

Alguém me perguntou: "Tem certeza de que quer colocar estas idéias negativas logo no início do livro?" Mas eu não as vejo como negativas. Estão no começo porque são verdades básicas e porque as considero muito importantes. Se você pensar bem, elas são, em última instância, positivas. Vou dar um exemplo. Escrevi este livro num computador. Hoje me dou muito melhor com ele do que quando o equipamento chegou, novo em folha. Isso acontece porque levei algum tempo para descobrir como ele funciona. Não foi fácil (ainda que o computador seja concebido de modo a não ter segredos para o usuário), mas o esforço, os erros e até a frustração acabaram valendo a pena a longo prazo. A vida se parece muito com isso – conseguimos extrair mais dela quando sabemos como ela funciona.

A VIDA É DURA

Vocês já viram aquele adesivo de pára-choque que diz: "A vida é dura – e aí a gente morre"? Na primeira vez que vi, eu ri. Então parei para pensar *por que* eu estava rindo. Deve ter sido por causa do elemento surpresa. Ali estava uma das grandes verdades da vida olhando para mim da traseira do carro de um outro sujeito. Era algo que eu esperaria ler num livro escrito por um dos antigos pensadores.

Na verdade, atribuíram essa idéia a um dos antigos pensadores. Há cerca de 2.500 anos, Buda escreveu o que se tornou conhecido como As Quatro Nobres Verdades. A primeira era: "A vida é sofrimento." Ele deve ter sido o primeiro a escrever isso, mas suspeito que muita gente tenha chegado a essa conclusão antes dele. É difícil acreditar que a vida era mais fácil para os primeiros habitantes da Terra. A vida é dura. Sempre foi e sempre será.

As três primeiras palavras no consagrado livro do psiquiatra M. Scott Peck, *A Trilha Menos Percorrida*, são: "A vida é difícil." Peck considera esta uma das verdades mais importantes porque, quando a compreendemos e aceitamos, podemos viver de maneira muito mais plena. Em vez de resmungarmos sobre nossos problemas, podemos procurar maneiras de resolvê-los. Uma das principais diferenças entre os que são bem-sucedidos e os que fracassam pode ser encontrada na maneira como abordam as dificuldades da vida. Fracassados tentam evitar seus problemas ou trabalhar *em volta* deles. As pessoas bem-sucedidas aceitam os problemas e trabalham *através* deles, mesmo que isso implique algum sofrimento. É esse processo de enfrentar nossos problemas de cabeça erguida e procurar soluções que dá sentido à vida.

O problema com muitas pessoas, independentemente de idade, é que não entendem ou não aceitam o fato de que a vida envolve um certo grau de dificuldade. Elas lutam contra este fato em vez de se ajustarem a ele. Elas chiam e reclamam, tanto para si mesmas como para os outros, sobre a magnitude dos seus problemas. Falam como se suas dificuldades fossem exclusivas e sentem como se a vida fosse mais fácil para os outros. O ato de reclamar não faz com que os problemas desapareçam. Só os torna piores, porque tem o efeito de aumentá-los. Reclamar é uma tentativa de descarregar nossos problemas sobre os outros, uma maneira de se recusar a aceitá-los como uma das condições necessárias da vida.

Há algum tempo encontrei um antigo aluno que estava na casa dos vinte anos. Depois de me contar o que estivera fazendo, ele acrescentou: "Fico feliz por ter tido você como professor." Fiquei naturalmente envaidecido, mas também curioso. Sempre me pergunto o que meus alunos são capazes de lembrar anos depois de terem passado por uma de minhas turmas. Ao perguntar por quê, ele disse com um sorriso experiente no rosto: "Porque você nos ensinou que a vida é dura." Ele falou que esta simples verdade o tinha ajudado a atravessar algumas turbulências em sua vida desde que deixara a escola secundária. Então ele me lembrou a primeira vez que a tinha escutado.

Quando esse aluno era um calouro num dos meus cursos, eu tinha passado para a turma uma tarefa particularmente difícil. Antes avisei aos meus alunos que iria obrigá-los a fazer duas coisas que os professores não costumam exigir dos estudantes: pensar e trabalhar. Depois de alguns resmungos bem-humorados, eles começaram. Lá pelo meio do processo, alguém disse: "Isso é difícil." Respondi do jeito que sempre faço: *"A vida é difícil."* Passamos então para uma discussão maravilhosa sobre filosofia, vida, trabalho, esforço, prazer e sucesso. Agora, anos mais tarde, esse aluno provavelmente não *sabe* qual é a capital da Malásia, mas sabe que a vida é dura. Mais importante do que saber, ele aceitou este fato.

A partir do momento em que aceitamos o fato de que a vida é dura, começamos a crescer. Começamos a entender que cada problema é também uma oportunidade. É nessas ocasiões que vamos mais fundo dentro de nós e descobrimos de que material somos feitos. Começamos a aceitar os desafios da vida. Em vez de nos deixar derrotar por nossas dificuldades, saudamos seu aparecimento como uma maneira de testar nosso caráter. Nós as usamos como um meio para crescermos um pouco mais.

Ao mesmo tempo, precisamos entender que a sociedade nos bombardeia diariamente com mensagens que dizem exatamente o contrário. Para começar, a tecnologia nos supriu com o estilo de vida do controle remoto. Podemos abrir a porta da garagem, cozinhar o jantar, lavar os pratos, gravar nosso programa de TV favorito e pagar nossas contas simplesmente apertando os botões certos. Além disso, estão sempre nos dizendo que há um jeito fácil e rápido de fazer praticamente tudo. Só nos últimos dias, já li ou ouvi que você pode perder 25 quilos, aprender uma língua estrangeira fluentemente, tornar-se uma personalidade famosa no rádio e ganhar um milhão de dólares no ramo imobiliário. E tudo isso em questão de dias e sem grande esforço.

Ficamos soterrados por esses anúncios porque quem trabalha

com publicidade e marketing conhece o comportamento humano. Eles sabem que a maioria das pessoas *não* aceita a vida como algo difícil mas, ao contrário, continua a procurar o modo rápido e fácil de fazer as coisas. No capítulo anterior, eu disse que as pessoas bem-sucedidas aceitam a vida como ela é. Parte deste capítulo consiste em compreender que as coisas que valem a pena ser realizadas não chegam de modo fácil e rápido. Elas têm um preço. Elas surgem como o fruto de muito tempo, esforço, sacrifício e dor. *Porque a vida é dura.*

E NEM SEMPRE É JUSTA

Em 1981, Harold Kushner, ao se descrever como alguém que foi "ferido pela vida", escreveu um livro para outras pessoas que também foram feridas mas que, no entanto, mereciam algo melhor – quer dizer, se a vida fosse sempre justa. O livro se chama *Quando Coisas Ruins Acontecem às Pessoas Boas*. A obra transformou-se num dos livros mais lidos dos anos 80. É um clássico porque trata da mais antiga e universal das questões: "Por quê?". Ou, melhor ainda, "Por que eu?". Kushner tinha todas as razões do mundo para se fazer esta pergunta. Seu filho, Aaron, aos três anos foi diagnosticado como vítima de progéria – doença do envelhecimento rápido. Ele sofria fisicamente, sua família sofria emocionalmente e Aaron acabou morrendo aos 14 anos. Ele e sua família mereciam algo melhor do que isso.

Infelizmente, a vida *não* é sempre justa. Esta é provavelmente a verdade mais dolorosa que temos que aprender e a mais difícil de aceitar. Coisas ruins acontecem *mesmo* com pessoas boas – às vezes com outros, às vezes conosco. E, com uma freqüência maior do que seria de se esperar, acontecem às pessoas que menos merecem. Além disso, vemos também coisas boas acontecerem a pessoas que não as merecem. Como diz a Bíblia, o sol nasce tanto para os maus como para os bons, e a chuva cai tanto sobre os honestos como sobre os desonestos. Não é de admirar que nós digamos muitas vezes: "Não é justo." Às vezes é difícil enxergar algum sentido no mundo.

Não quero dar a entender nem por um segundo que quando uma tragédia ocorre conosco devemos nos limitar a dizer: "Bem, assim é a vida", e continuar a viver como se nada tivesse acontecido. Nenhum de nós pode fazer isso. Num outro extremo, também não podemos querer que a dor saia completamente da nossa existência. O que podemos fazer é aprender a lidar com ela de um modo mais eficaz. Como diz meu amigo Tim Hansel em seu maravilhoso livro *You Gotta Keep Dancin'* (Você precisa continuar dançando), "a dor é inevitável, mas o tormento é opcional". Podemos evitar esse tormento desenvolvendo maneiras construtivas de encarar a dor que a vida nos inflige. Podemos decidir que não vamos deixar que ela nos destrua, que vamos aceitá-la como uma das realidades da vida e até que vamos crescer com ela.

Benjamin Franklin escreveu: "As coisas que nos ferem, instruem." Talvez seja por isso que tantas vezes dizem que as lições mais dolorosas da vida são também as mais valiosas. A coisa mais importante que podemos fazer quando nos ferimos – seja um ferimento físico ou emocional – é encontrar algum sentido para ele. Quando fazemos isso, saímos da experiência mais sábios e mais fortes. Nosso verdadeiro sucesso na vida será em grande parte determinado pela maneira – melhor ou pior – com que lidamos com as adversidades: se fugimos delas ou as enfrentamos, se nos encolhemos ou crescemos a partir delas, se nos rendemos ou triunfamos sobre elas.

Vivemos num mundo imperfeito com outras pessoas imperfeitas. Ninguém nos pode prometer uma vida livre da dor ou de decepções. Nem ninguém pode nos prometer segurança ou controle totais. Mas não estamos sós. Cada ser humano vivo está sujeito às mesmas dificuldades. Cada ser humano experimenta a injustiça e sofre a dor e a sensação de perda que a acompanham. Não é uma questão de se vamos vivenciar essas coisas, mas de *como* vamos vivenciá-las. As pessoas que têm sucesso na vida não escapam da injustiça. Elas aprendem a aceitá-la e a lidar com ela de modo mais construtivo.

Talvez seja por isso que tantas pessoas colocam à mostra com tanto destaque nas suas casas e escritórios a famosa Prece da Serenidade, de Reinhold Niebuhr:

Que Deus me dê...
a serenidade para aceitar as coisas que não posso mudar,
a coragem para mudar as coisas que posso mudar,
e a sabedoria para saber a diferença.

A CORAGEM DO DIA-A-DIA

Aquilo em que nós nos tornamos não depende de condições, mas de decisões. Algumas pessoas são condicionadas e determinadas por circunstâncias externas. Elas vão para as alturas quando as coisas estão bem e desmoronam quando as coisas vão mal. Elas parecem deixar que suas vidas sejam determinadas pelas estrelas, os deuses, o destino, os ventos ou qualquer outra coisa fora do seu controle. O que elas parecem não entender é que, quando nos vemos diante de condições terríveis, nos vemos também diante de uma decisão: ou nos prostramos diante delas ou fazemos frente a elas.

Enfrentar algumas das mais duras realidades da vida requer coragem. Winston Churchill via na coragem um ponto de partida. Ele disse: "A coragem é primeira entre as qualidades humanas, porque é a qualidade que garante todas as outras." Ele não estava falando apenas de coragem em termos épicos – aquela associada a personalidades famosas e grandes acontecimentos –, mas da coragem do dia-a-dia. Mais do que qualquer outra coisa, coragem é uma decisão. É a decisão de ir fundo e em busca do nosso próprio caráter, de achar a fonte de nossa força quando a vida nos decepciona. É a decisão que temos de tomar se queremos nos tornar plenamente humanos.

Pouco antes de morrer, pediram ao grande teólogo e autor de *A Coragem de Ser*, Paul Tillich, que discutisse o tema central do seu livro e explicasse o significado da coragem do dia-a-dia. Tillich disse que a verdadeira coragem consistia em dizer sim à vida apesar da dor e de todas as dificuldades que fazem parte da existência humana. Ele disse que era preciso demonstrar coragem diariamente para encontrar algo definitivamente positivo e significativo tanto a respeito da vida como de nós mesmos. Quando podemos fazer isso, disse ele, não apenas aceitamos a vida mais plenamente, mas começamos a vivê-la mais plenamente. "Uma vida com amor é talvez a mais elevada forma de coragem que existe."

A vida é dura... e nem sempre é justa. Mas isso não quer dizer que ela não possa ser boa, gratificante e prazerosa. Ainda há muitas razões para dizer sim à vida.

> *Se me pedissem que desse um único conselho que fosse o mais útil para toda a humanidade, seria este: espere alguma dificuldade como uma parte inevitável da vida, e quando ela chegar fique com a cabeça erguida, olhe-a direto nos olhos e diga: "Eu vou ser maior do que você. Você não pode me derrotar."*
>
> Ann Landers

3

A VIDA TAMBÉM INCLUI A DIVERSÃO... E É INCRIVELMENTE DIVERTIDA

De todos os dons com que a natureza abençoou os seres humanos, uma boa gargalhada deve sempre estar no topo da lista.

Norman Cousins

DESCOBRINDO O EQUILÍBRIO DA VIDA

Agora que já abordamos duas das mais duras realidades da vida, vamos dar uma olhada num outro lado mais leve e animado. Precisamos saber apreciar as coisas que nos ajudam a manter o equilíbrio, que nos impedem de sermos esmagados sob o peso da seriedade e que podemos usar para manter nossa sanidade. Falo de outra das grandes verdades: *Seres humanos precisam se divertir*. Precisamos brincar e, mais importante, precisamos rir. A vida pode ser dura e às vezes injusta, mas isso não quer dizer que precisa ser intolerável. E certamente não quer dizer que não possamos aproveitá-la. Humor é o que mais nos ajuda.

Certa manhã, quando estava sentado à minha mesa trabalhando neste livro e sofrendo o que parecia ser um caso terminal do bloqueio mental de que escritores costumam ser vítimas, comecei a pensar se eu tinha tendências masoquistas. Escrever é uma das coisas mais difíceis e frustrantes que já fiz e – ainda assim – continuava a me dedicar a isso. Por que estava infligindo essa dor a mim mesmo? Poderia estar fazendo uma porção de outras coisas muito mais agradáveis, como passar o aspirador de pó pela casa ou limpar a garagem. Bem nessa hora o telefone tocou. Uma jovem do outro lado me perguntou: "Jeannette está?" Eu disse: "Não, Jeannette não mora mais aqui." "Desde quando?", ela perguntou. Eu disse: "Você não sabia? Jeannette se mudou para a Bolívia. Foi lá para estudar os rituais de acasalamento entre os incas." Ela então falou, incrédula: "Você está brincando!" Eu disse: "Estou sim. Acho que você discou o número errado." A conversa acabou quando ela exclamou: "Cara, você é doido!" e desligou.

Mesmo tendo se mostrado um pouco perplexa ao falar comigo, tenho a sensação de que ela se divertiu com a nossa conversa. Eu certamente me diverti. E aposto que, quando finalmente ela conseguiu falar com Jeannette e lhe contou sobre o maluco com quem tinha conversado, as duas deram boas gargalhadas. Eu dei, ao pensar na conversa entre elas.

Na verdade eu estava imaginando se ela ia me ligar de volta para lembrar que os incas viviam no Peru, não na Bolívia. Mas não acho que ela tivesse se importado com isso. Ela e Jeannette provavelmente tinham coisas mais importantes de que falar.

O que isso nos mostra é que, quando ficamos atolados numa das experiências penosas da vida, precisamos de uma distração. Uma das melhores é o humor. Levei muito tempo para descobrir que o humor é um dos mais importantes ingredientes de uma vida equilibrada e saudável. Levei anos estudando com toda seriedade a psicologia do desenvolvimento e realização pessoais só para aprender que não devia me levar tão a sério assim.

Durante os anos 70, o fenômeno social conhecido como "movimento de crescimento pessoal" varreu os Estados Unidos de uma ponta a outra. Liderado por gurus conhecidos como psicólogos humanistas, milhões de pessoas começaram sua busca para realizar todo o seu potencial. A meta desse processo todo era tornar-se "auto-realizável". Ninguém parecia saber exatamente o que vinha a ser isso, mas soava bem. Foi o grande chavão de uma década marcada pelo blablablá pseudopsicológico. A psicologia do potencial humano tornou-se a última moda e as pessoas cometeram às vezes extravagâncias (com gastos extravagantes) para encontrar seu "espaço", encontrar "seu centro" e encontrar "a si mesmas". As opções incluíam: grupos de encontro e treinamento da sensibilidade (nos quais as pessoas gritavam e diziam umas às outras o que não gostavam em si); o estilo de meditação transcendental do Maharishi Yogi (contanto que você trouxesse um lenço branco, algumas flores e uma razoável quantia em dinheiro); *rolfing* (uma técnica de massagem física e emocional), *est* (na qual o líder chamava as pessoas de imbecis e não deixava que elas fossem ao banheiro); fumar maconha; banhos quentes; massagens sem roupas e uma porção de outras. Agora, ao olharmos para trás, todas elas parecem bem idiotas. Na verdade, as pessoas acabaram tornando-se "viciadas em crescimento". Já que eu mesmo fui uma delas, posso me dar o luxo de rir com essas histórias. A única coisa a lamentar nisso tudo é que na verdade nunca aprendi como praticar o tal do *rolfing*.

Embarquei no movimento porque, como muitos outros, sentia que me faltava alguma coisa e estava tentando me sentir realizado na vida. Mas nunca encontrei o que buscava no movimento do crescimento pessoal. A coisa tinha se tornado dispendiosa, cansativa e séria. Séria demais. E na realidade acabou me fazendo mais mal do que bem, já que se tornou um peso para mim. Então, uma coisa engraçada e inesperada aconteceu. Nesta época, embora de modo totalmente independente da minha busca por um nirvana pessoal, assisti a dois filmes que exerceram sobre mim um efeito mais positivo e duradouro do que todas as terapias de "crescimento pessoal" somadas. Imagine só: pelo preço de dois ingressos de cinema e cerca de quatro horas do meu tempo eu podia ter me poupado um bocado de trabalho.

O primeiro filme foi *Zorba, o Grego*. É a história da relação entre dois homens, Zorba e Boss. Boss tem boa aparência, inteligência, saúde, dinheiro e educação. É uma boa pessoa, mas está sempre fechado em si mesmo e parece não aproveitar a vida. Ele lê e pensa, mas não se diverte. Está procurando o elo que falta na sua vida. Percebi que me identificava com Boss. Então Zorba lhe diz: "Você tem tudo, Boss, exceto uma coisa: loucura. Um homem precisa de uma pitada de loucura ou então ele nunca corta as amarras e se sente livre." No fim, Zorba ensina Boss a dançar, rir e se soltar.

O outro filme foi *Mil Palhaços*. Este também é sobre um relacionamento, desta vez entre Murray e seu sobrinho de 11 anos, Nick, que ele está criando sozinho. A principal preocupação de Murray em relação a Nick é que o garoto não cresça para se transformar em alguém sem graça, numa dessas pessoas certinhas e tão sérias que esquecem como aproveitar a vida. Ele quer que Nick seja capaz de enxergar "as mais loucas possibilidades" e de dar uma "sacudida no mundo" sempre que tiver uma oportunidade. Mais importante, quer que Nick olhe à sua volta e seja capaz de rir daquilo que vê.

A maioria de nós precisa de um Zorba ou de um Murray para não ficarmos atolados, para não levarmos nós mesmos e a vida a sério demais. Não quero dar a entender que Zorba ou Murray são palhaços de cabeça oca. Ao contrário, eles são bem profundos. Eles sabem que a vida é dura e nem sempre é justa, mas sabem também que o único jeito de sobreviver é dar muitas risadas enquanto a vida durar. Conseguimos dar essas risadas quando *procuramos* por elas. Programas como *Câmera Indiscreta* são engraçados simplesmente porque exibem um espelho posto à nossa frente. Eles nos mostram imagens da vida real. A vida é engraçada. Há sempre uma comédia acontecendo à nossa volta. Tudo que temos a fazer é procurar por ela. Como diz Murray, precisamos ver "todas as piadas em que as pessoas se metem pelo simples fato de estarem vivas".

ALGUNS EXEMPLOS DE LOUCURA NO COTIDIANO

Eu me diverti muito ao preparar este capítulo. Li tudo que

pude encontrar sobre a psicologia e os benefícios oferecidos pelo humor e pelo ato de brincar, e então comecei a lembrar de coisas que alguns dos meus amigos malucos fazem e que os tornam tão queridos. Eu me diverti e ri tanto pensando neles que demorei um bocado até começar propriamente a escrever. Eis alguns exemplos de pessoas inteligentes que aprenderam a lançar mão deste importante recurso quando se trata da nossa sobrevivência: a habilidade para praticar pequenas loucuras de vez em quando.

Tim Hansel, citado no primeiro capítulo, é formado por Stanford e autor de seis livros. Ele é filosófico, espiritual, desbravador e profundo. É também um pouco excêntrico. Quando está de baixo astral, recorre ao seu eterno truque para levantar o ânimo: ele grita o lema do Super-Homem. Vocês sabem, aquele que diz: "Olhem, é um pássaro! Não, é um avião! Não, é o Super-Homem!" Tudo bem, isso pode não parecer tão engraçado. Mas devo acrescentar uma informação extra: Tim grita o lema de trás para a frente! Fica mais ou menos assim: "Melho, é mu crassap! Oan, é mu oaiva! Oan, é o Memoh-Repus!" Tentem dizer isso sem rir. Idiota? Sim, muito idiota. Mas também muito engraçado. Eu o ouvi falando a um grupo de homens de negócio há alguns anos. Ele lhes perguntou se estavam se divertindo com suas vidas. Também perguntou se as outras pessoas com quem conviviam os achavam engraçados. Então lhes perguntou se podiam gritar o lema do Super-Homem de trás para a frente. Primeiro aqueles homens compenetrados o olharam perplexos, mas quando Tim gritou o lema na sua forma normal e depois de trás para a frente, esses pesos-pesados do mundo dos negócios riram tanto que levou cinco minutos para Tim retomar a conferência.

Tenho outro amigo, Russ Sands, que está com sessenta e poucos anos e é um executivo numa importante companhia de seguros em São Francisco. Ele tem boa educação, dirige um BMW, usa ternos feitos sob medida, viaja pelo mundo afora representando sua companhia, é um dedicado homem de família e partilha generosamente seu tempo e dinheiro com entidades beneficentes. Em outras palavras, é muito sofisticado. É também uma das pessoas mais engraçadas e malucas que já conheci. Russ consegue encarar qualquer coisa com bom humor e é um mestre na arte de fazer os outros rirem. Ele usa tênis vermelhos e outras peças de vestuário que fogem um pouco do habitual. Um de seus brinquedos favoritos costumava ser uma "geringonça" Volkswagen – um veículo de estilo militar que parece um cruzamento de um jipe com um Land Cruiser.

Ele diverte a si mesmo e aos seus amigos inventando umas expressões esquisitas. Estava com ele participando de uma reunião há alguns anos quando uma mulher disse algo que o surpreendeu. Ele olhou para ela e disse enfaticamente: "Que pescoçada!" Nunca vou saber de onde ele tirou isso, nem tenho a mais remota idéia do que ele quis dizer. Mas Russ fez todo mundo cair na gargalhada, inclusive a mulher com quem estava falando. Só o fato de pensar no jeito como ele falou ainda me faz rir. Eis aí um homem que trabalha duro e está sempre sob grande pressão, mas que sabe como se divertir. Não faz diferença se suas tiradas fazem sentido ou não. Na verdade, elas são engraçadas justamente porque geralmente *não* fazem sentido. Humor é isso: o inesperado, o fora-do-comum, o absurdo.

EDISON E EINSTEIN

Thomas Edison e Albert Einstein não são exatamente os primeiros nomes que vêm à nossa mente quando pensamos em brincadeiras e em humor. Mas o fato é que ambos atribuíam seu sucesso nas áreas sérias da vida ao fato de reconhecerem a importância das áreas menos sérias. Os dois descobriram cedo em suas vidas que trabalhar muito duro ou pensar muito intensamente durante longos períodos faz mais mal do que bem. É por isso que as pessoas precisam de pausas no seu trabalho e que os estudantes são aconselhados a fazer pausas no estudo. A mente é exposta a uma tensão excessiva quando fica submetida tempo demais à seriedade. O humor e as brincadeiras quebram a tensão.

São quase lendárias as histórias sobre a capacidade de Edison de trabalhar por longas horas e de suportar milhares de frustrações. Já os métodos para suportar suas famosas maratonas de experiências científicas são menos conhecidos. Edison mantinha uma cama no seu laboratório. Costumava fazer pausas freqüentes porque sabia que a mente só trabalha de modo criativo quando está em estado de repouso. Edison também descobriu que o humor deixava sua mente mais à vontade. Além de encher centenas de cadernos com equações científicas, ele encheu vários outros apenas com piadas. Achava que esse alívio cômico era de grande utilidade tanto para ele como para sua equipe. Usava esse recurso para quebrar a tensão e elevar o moral. Mais tarde ele diria que as pessoas que riem juntas podem trabalhar mais tempo, mais intensamente e com maior eficiência.

Em que pensamos quando ouvimos o nome de Albert Einstein? Genialidade? Inteligência? Física? Na Teoria da Relatividade? Provavelmente pensamos em tudo isso. Mas, segundo o próprio Einstein, algumas das chaves para a sua vida estavam na simplicidade, na fantasia e na disposição para brincar. Ele dizia: "Tudo deve ser feito da maneira mais simples possível." Einstein disse a um grupo de estudantes de Princeton que não teria nenhum interesse pelas leis da física se elas não pudessem ser tornadas bem simples. Um dos meios pelos quais ele tornava as coisas simples era através das brincadeiras. Os que fizeram pesquisas sobre a sua vida ficaram surpresos ao ver como Einstein era uma pessoa brincalhona. Ele literalmente ficava "vagabundando" em torno de idéias e números porque sabia que suas descobertas acabariam vindo à tona em meio a essas brincadeiras. Einstein nos deixou uma grande lição: brincar é uma das melhores maneiras de simplificar a vida. É o que fazemos quando somos crianças e tantas vezes esquecemos mais tarde ao longo da vida.

A CURA PELO RISO

Há milhares de anos um homem sábio conhecido como Salomão escreveu seus famosos provérbios. Entre eles há um que diz: "Um coração alegre é um bom remédio, mas um espírito esmagado acaba por secar os ossos" (17:22). Nos dias de hoje, a *Reader's Digest*, uma das revistas mais populares do mundo, traz todos os meses uma seção intitulada "Rir É o Melhor Remédio". Há alguma prova científica que sustente essas alegações sobre o suposto poder curativo do riso? Sim.

Só nos últimos anos é que a medicina descobriu o quase miraculoso poder curativo do riso. E a descoberta não foi feita por um médico ou um pesquisador. Foi feita por um paciente que se recusou a aceitar um diagnóstico que lhe dava apenas alguns meses de vida. O paciente era Norman Cousins, um conhecido escritor. Cousins teve diagnosticada pelos médicos, em 1964, uma grave doença que afetava certos tecidos do seu corpo. Um especialista também lhe disse que suas chances de sobrevivência eram de uma em quinhentas e que tinha pouco tempo de vida. Mas a vontade de viver de Cousins era muito forte. Ele decidiu então assumir a maior parte da responsabilidade pela sua cura. Concebeu um programa de tratamento que exigia doses diárias de emoções positivas. Entre estas estavam a fé, o amor e a esperança. Cousins disse que esses elementos eram fáceis comparados ao outro componente que teria de ser parte da sua cura: o riso. Como é que se ri quando acabaram de nos dizer que sofremos de uma doença irreversível e temos pouco tempo de vida?

Mas ele riu. Cousins desenvolveu um programa sistemático para obter doses diárias de boas gargalhadas. Começou assistindo a gravações de velhos episódios de *Câmera Indiscreta*. Em seguida, assistiu a filmes dos Irmãos Marx e a qualquer outra coisa ao seu alcance que pudesse fazê-lo rir. Mais tarde, quando escreveu sobre as experiências com suas próprias terapias no livro *Anatomy of an Illness* [Anatomia de uma doença], Cousins contou: "Funcionou. Fiz a agradável descoberta de que dez minutos de gostosas gargalhadas tinham um efeito anestésico e me dariam pelo menos duas horas de sono livres de qualquer dor." Desde então, experiências e testes realizados por médicos provaram que há uma base fisiológica para a teoria bíblica de que rir é um bom remédio. Como disse Josh Billing, um humorista do século XIX: "Não há nada de engraçado num remédio, mas há muito de remédio numa coisa engraçada."

Depois da sua notável recuperação, Cousins continuou a estudar os efeitos das emoções positivas sobre o corpo humano e acabou ingressando na Faculdade de Medicina da Universidade de Los Angeles. Cousins também escreveu uma espécie de continuação de *Anatomy of an Illness*. Seu título é *Head First – The Biology of Hope* [Primeiro a cabeça – A biologia da esperança]. Nele, Cousins explica mais extensamente os benefícios fisiológicos proporcionados pelo riso, aproveitando o fato de que novas pesquisas sobre o assunto foram realizadas nos últimos anos. Ele dedica ao tema um capítulo inteiro do livro: "The Laughter Connection" [A conexão gargalhada]. Sem repetir aqui as montanhas de provas científicas que corroboram a teoria de que o riso tem um grande poder curativo, deixem-me apenas resumir as descobertas de Cousins e dos médicos que trabalharam com ele. Há hoje indícios claros de que o riso pode combater a dor. Além disso, o riso pode estimular a respiração, produzir moléculas conhecidas como endorfinas, aumentar o número de células que combatem as doenças, reduzir o estresse, estimular os órgãos internos e melhorar a circulação do sangue. Cousins conclui: "Foram realizadas extensas experiências com um número significativo de seres humanos, mostrando que rir contribui para uma boa saúde. Provas científicas vêm se acumulando para dar sustentação ao axioma bíblico de que 'um coração alegre é um bom remédio'."

Cousins foi um dos pioneiros a relacionar o riso à cura. Desde seus experimentos iniciais, suas pesquisas vêm sendo reproduzidas e ampliadas por pessoas de dentro e de fora da área médica. Alguns dos mais conhecidos são o Dr. Bernie Siegel e o Dr. Patch Adams. Ambos escreveram longamente sobre o poder do humor e da esperança no processo de cura. Se você não assistiu ao filme *Patch Adams*, aconselho-o a alugar uma fita. Tem algumas passagens meio piegas, mas é, mesmo assim, comovente, engraçado e baseado em provas científicas.

O RISO COMO UMA MANEIRA DE SER PRÁTICO

Se o riso e outras emoções positivas podem fazer todas essas coisas por nós quando estamos doentes, pense no que podem realizar quando estamos saudáveis. Se é verdade que um grama de prevenção é melhor do que um quilo de cura, então um coração alegre e algumas risadas deveriam fazer parte da nossa rotina diária. Se um espírito deprimido realmente faz secar os ossos, então precisamos lubrificá-los com algumas gostosas gargalhadas. Provavelmente a descoberta mais importante sobre os benefícios proporcionados pelo riso é a de que ele pode fortalecer nosso sistema imunológico. Ele tem meios para nos revigorar e revitalizar. A gargalhada, além disso, é conhecida como um recurso eficiente para aliviar nervos irritados, reduzir a tensão, acalmar os temperamentos turbulentos, estimular a criatividade e simplesmente tornar a vida muito mais divertida. O riso é o tônico da vida. Tem poderes fortificantes e restauradores. Ele nos anima e nos dá energia. É também um lubrificante eficaz – pode tornar mais suaves alguns pontos ásperos da nossa existência diária. Finalmente, o riso opera milagres em nossos relacionamentos. Alguém já disse que uma gargalhada é a distância mais curta entre duas pessoas. Tem o poder de uni-las. "Ria e o mundo rirá com você."

Numa das cenas mais conhecidas de *Mil Palhaços*, Murray pergunta a seu irmão Arnold por que ele não faz uma das coisas malucas que costumava fazer quando era mais jovem, como quando apareceu para trabalhar vestindo um terno elegante, um chapéu, carregando uma pasta... e de patins. Arnold responde: "Não faço mais esse tipo de palhaçada..." Murray pula, agarra Arnold pelos dois braços e grita: "PALHAÇADA, meu irmão, é uma maneira de permanecer VIVO! Se a maioria das coisas não é engraçada, Arn, então elas são exatamente o que são, sem graça, insossas."

Na verdade, rir é mais do que uma palhaçada. É essencial. É um dos principais ingredientes da saúde mental. Temos uma necessidade vital de fazer uma pausa em meio às duras realidades da vida – agir como um maluco, rolar de rir, se deliciar com o absurdo, rir de desenhos animados, contar e ouvir piadas, assistir a filmes engraçados e fazer coisas extravagantes. Há muita sabedoria no provérbio antigo que nos diz: "Um pouco de absurdo aqui e ali é apreciado pelo mais sábio dos homens."

RIR COMO UMA PRIORIDADE

Não quero dizer que você tenha de levar a vida se comportando como se fosse o Pato Donald ou o Bozo para ser feliz. Não precisa calçar tênis vermelhos, nem gritar o lema do Super-Homem ao contrário. Temos personalidades diferentes e estilos diferentes, o que significa que todas as pessoas não podem fazer o mesmo tipo de coisa. Mas, seja qual for nossa personalidade, ainda assim precisamos de uma dieta diária que inclua brincadeiras e risos.

Há alguns anos descobri que estava levando a vida a sério demais. Um amigo me disse um dia que eu parecia estar carregando todo o peso do mundo nos ombros. Ele me perguntou se eu andava me divertindo e se costumava rir. Foi mais ou menos por essa época que assisti aos dois filmes de que falei. Zorba me ensinou que às vezes é necessário um pouco de loucura, e Murrray me mostrou a importância de enxergar o elemento de comédia que existe na vida à nossa volta. Isso não quer dizer que me transformei em algum "doidão", mas rir certamente tornou-se uma alta prioridade em minha vida, junto com comida, sono e ar. Não consigo imaginar um dia sem humor.

Um bom lugar para começar a rir é sua própria casa. É importante sermos capazes de rir de nós mesmos. Não perca de vista o personagem cômico que temos dentro de nós. As pessoas que sabem rir de si mesmas nunca vão sofrer por falta de diversão.

A verdadeira chave está em procurar. Há um velho ditado que diz que geralmente encontramos aquilo que procuramos. E há muita comédia e muitas gargalhadas à nossa espera. Não consigo imaginar uma busca mais saudável.

Ria e sinta-se bem.

Matthew Green

4

VIVEMOS POR OPÇÃO, NÃO POR ACASO

Deus não pergunta a ninguém se irá aceitar a vida. Não é essa a escolha. Você tem que ficar com ela. A única escolha é como.

Henry Ward Beecher

NOSSA MAIOR LIBERDADE, NOSSA MAIOR FONTE DE FORÇA

Você já percebeu quantas pessoas passam pela vida pensando que as únicas escolhas que têm são aquelas listadas na programação do guia de TV e no menu dos restaurantes? Você sabia que a maior parte das pessoas acredita que seu lugar na vida foi determinado principalmente pelas circunstâncias, sorte ou o modo como os planetas estão alinhados? O objetivo deste capítulo é ajudar você a ver algo que os outros não conseguem. Muitas pessoas nunca chegam a reconhecer qual é nossa maior liberdade, que também é nossa maior fonte de força. E como essa liberdade não é reconhecida, não é usada. Qual é essa grande liberdade, essa grande fonte de força? É nossa possibilidade de *escolher*.

Foi só quando já estava na universidade que comecei a perceber plenamente como a escolha é uma das chaves da vida. Aconteceu algo em uma das minhas aulas que me fez ver a vida de modo completamente diferente. Eu freqüentei a Universidade de São Francisco, uma escola jesuíta, e precisava estudar filosofia a cada semestre. Os jesuítas, uma ordem de sacerdotes católicos tradicionalmente voltada para os estudos, eram bastante fortes em filosofia. Diziam que, antes que encarássemos o mundo lá fora, eles queriam nos ensinar a pensar. E acreditavam nisso para valer. Éramos diariamente desafiados a pensar sobre Deus, a vida, o mundo e nosso lugar nele. Éramos estimulados a escrever trabalhos sobre o significado da vida e a razão da nossa existência. Também debatíamos sobre o certo e o errado e sobre o bem e o mal. Era trabalho pesado, mas foi um treinamento maravilhoso. Aprendemos a entender melhor a vida, a aceitá-la como ela é e a lidar com ela de maneira mais eficiente. E aprendemos mesmo como pensar.

No dia de que falei, estávamos debatendo a existência de Deus. A discussão já seguia há algum tempo quando um dos meus colegas de turma desafiou o professor com uma pergunta que eu já tinha ouvido muitas vezes: "Se Deus é tão bom e tão poderoso, como pode permitir tanto sofrimento? Por que não nos fez de modo que pudéssemos ser saudáveis e felizes o tempo todo?" O professor parecia estar esperando por esta pergunta e nunca esqueci da sua resposta: "Se Deus tivesse nos criado desse jeito", disse ele, "seríamos apenas marionetes. Ele estaria puxando os cordões e não teríamos poder algum próprio. É verdade que não passaríamos pela experiência de sentir dor e sofrimento. Mas sem eles também não conheceríamos as verdadeiras alegrias e prazeres da vida. Não haveria sentido em procurar um sentido ou um propósito para nós. Não passaríamos de robôs de cabeça oca, previamente programados. Deus fez algo bem melhor do que isso. Ele nos criou com o livre-arbítrio. Ele nos deu a vida e nos deu liberdade para decidir por nós mesmos o que fazer com ela. Ele nos deu poder para escolher nosso próprio caminho."

A liberdade para decidir, o poder de escolher – que grande lição de vida foi aquela! E, ainda assim, que lástima é o fato de tantas pessoas jamais reconhecerem essa grande liberdade ou exercitarem esse grande poder. Incorri nesse erro algumas vezes, apesar da preciosa lição recebida na faculdade. Infelizmente não aplicamos tudo aquilo que nos ensinam. Lembro que há alguns anos minha vida parecia ter saído completamente dos trilhos. Eu punha a culpa nas circunstâncias, na má sorte ou nas pessoas que estariam provocando minha infelicidade. Na verdade eu estava fazendo escolhas erradas. Eu não tinha nenhum controle sobre os acontecimentos, mas ainda assim era livre para decidir como reagir a eles. Quando aceitei a responsabilidade de fazer escolhas melhores, a vida melhorou.

DESCOBRINDO NOSSAS ESCOLHAS

Você sabe que existem apenas algumas poucas diferenças entre os seres humanos e os animais? Ao observar uma família de cachorros, um elefante no zoológico ou uma cabra montês dos Andes, você verá que eles fazem em essência a mesma coisa. Comem, dormem, procuram abrigo e se reproduzem. Todas essas atividades são ditadas por instintos que determinam como os animais vivem. Seu único objetivo é sobreviver. Eles reagem a acontecimentos aleatórios e são condicionados pelo ambiente em que vivem. Por isso é tão fácil treiná-los.

Em que nós somos diferentes? Temos as mesmas partes do corpo e as mesmas funções. E temos as mesmas necessidades básicas, juntamente com o instinto de sobrevivência. A exemplo dos animais, reagimos ao que acontece à nossa volta e nos deixamos condicionar pelo ambiente. E, gostemos ou não de admitir isso, também somos treinados facilmente. A única diferença é que, para nós, não tem de ser desse jeito. Possuímos mais do que simplesmente instintos. Temos a capacidade de escolher. É isso que separa os seres humanos do mundo animal. E, se não exercermos essa capacidade, não estaremos em melhor situação. Tudo o que estaremos fazendo é sobreviver. Em vez de viver, estaremos simplesmente *existindo.*

O ponto de partida para uma vida melhor é descobrir que temos opções. Infelizmente, muitas pessoas nunca se dão conta disso. Mesmo que vivam num país que oferece uma enorme liberdade de escolha, vivem feito prisioneiras, presas às circunstâncias. Sempre me espanto com algumas das desculpas que as pessoas arrumam para não tirar proveito das oportunidades que a vida oferece para fazerem novas escolhas: não têm dinheiro bastante, não têm tempo, as condições não são boas, falta de sorte, clima ruim, estão cansadas demais, não estão no estado de espírito certo e por aí vai a lista. Mas a verdade é que elas simplesmente não vêem suas opções. É como estar trancado em algum lugar tendo no bolso a chave que o libertaria sem jamais usá-la, simplesmente porque nem sabe que ela está ali. Você tem mais opções do que jamais sonhou. A chave consiste em saber que essas escolhas estão presentes – todos os dias da sua vida. Vivemos através das nossas escolhas, não ao acaso. O mais importante não é o *que* acontece. É *como* nós lidamos com o que acontece. O mais importante é o que nós decidimos pensar e o que decidimos fazer.

A VIDA É UMA SÉRIE DE ESCOLHAS

Uma maneira de ver a vida é encará-la como uma série diária de escolhas. Na verdade, não acho que haja maneira mais saudável e aventuresca de começar cada dia. Da hora em que acordamos pela manhã até o momento em que vamos nos deitar à noite, estamos fazendo escolhas. Se não somos nós que fazemos, então alguém ou alguma outra coisa está fazendo essas escolhas por nós.

Escrevi acima que todos temos potencial para fazer mais com as nossas vidas. Todo ser humano é capaz de fazer grandes progressos no seu autodesenvolvimento e dar importantes passos no caminho de suas realizações. O ponto de partida para tudo isso é termos consciência das escolhas que se apresentam e então fazermos as opções certas. Até essas escolhas serem feitas, nada vai acontecer. Olhe à sua volta. O que está acontecendo com as vidas de uma grande porcentagem das pessoas do seu país? Não é grande coisa. E, mesmo que as pessoas não se dêem conta, isso é o resultado de escolhas: a opção por pegar o que aparece, a opção por deixar as coisas acontecerem, a opção de se contentar com pouco, a opção de deixar que outros pensem por você, a opção de simplesmente ir tocando a vida e simplesmente existindo.

Um dos maiores erros que as pessoas cometem é pensar que a vida é um grande "tenho de". Elas têm de trabalhar, têm de ir à escola, têm de ir fazer compras, têm de cortar o cabelo, têm de se organizar e têm de fazer um milhão de outras coisas. O nó da questão é que não *temos* de fazer nada. Algumas coisas podem ser importantes e talvez tenham de ser feitas, mas ninguém *tem* de fazer essas coisas.

Sempre me espanta a veemência com que as pessoas reagem quando ouvem que elas fazem tudo através de escolhas. Estão presas de tal forma à filosofia de vida do "tenho de" que é difícil para elas se soltarem. Eu estava ensinando este conceito a um grupo de estudantes de uma escola secundária num curso de psicologia. Para mostrar meu ponto de vista, eu perguntei: "Você escolheu vir à aula esta manhã?" Eu apostaria o meu salário como ia adivinhar a primeira resposta. E, é claro, não demorou a vir. Um dos meus alunos favoritos disse: "De jeito nenhum. Eu *tinha* de vir à aula." "Não, não *tinha* de vir", refutei. "Você *escolheu* vir." Ele então começou a listar as coisas terríveis que aconteceriam se ele não tivesse vindo à aula: a escola iria avisar os seus pais, ele levaria uma bronca em casa, seria suspenso, iria ser pego pelo subdiretor da escola, sua nota iria lá para baixo, etc. Quando ele acabou, eu disse: "Certo! Você fez uma escolha. Você optou por vir à aula em vez escolher as conseqüências de não vir. Mas você ainda assim tinha a liberdade de fazer essa *escolha*. Alguns dos seus colegas não estão aqui. Por várias razões eles optaram por não vir esta manhã. Talvez alguém tenha optado por uma soneca extra, tirar o dia de folga ou ir à lanchonete. Mas vocês que estão na sala optaram por vir aqui."

Então ele me ajudou a enfatizar o mais importante ao dizer: "Mas este é apenas um outro jeito de ver as coisas." "Obrigado!", exclamei, entusiasmado. "É exatamente isso que quero que vocês aprendam: a olhar para a vida de vocês todos os dias dessa maneira diferente: sabendo que podem optar e não obedecer aos 'tenho de'." A todo momento somos livres para escolher o que pensar e o que fazer. Deus nos criou com livre-arbítrio. Ninguém pode tirar isso de nós. Podemos mudar o rumo de nossas vidas quando quisermos, porque qualquer coisa que fizermos é devido a uma escolha. Podemos dizer que temos de fazer coisas ou que somos obrigados a fazê-las, mas a verdade é que fazemos o que escolhemos fazer. É uma descoberta simples, mas fundamental. Porque quando compreendermos que fazemos as coisas por causa de uma escolha, começaremos a aceitar uma responsabilidade maior por nossas próprias vidas e a assumir um controle mais efetivo sobre elas. Somos o resultado de nossas escolhas.

Tanto nas minhas aulas na escola secundária como na universidade, freqüentemente ouvia perguntas que começavam com as palavras: "Nós temos de...?" Temos de saber isso? Temos de escrever frases completas? Temos de ler isso? Temos de aparecer amanhã? Temos de fazer esse trabalho? Minha resposta era sempre a mesma: "Não. Vocês *podem* fazer." A primeira vez que isso aconteceu num novo semestre, recebi alguns olhares perplexos e ocasionalmente algumas simpáticas manifestações irônicas. Então acrescentei: "Vocês não *têm de* fazer nada na vida, mas vocês podem fazer muitas coisas. E uma das coisas mais importantes que podem fazer é se educar." Na verdade, acabamos nos divertindo um bocado com essa tirada porque pelo resto do semestre meus alunos começaram suas perguntas com "Vamos fazer...?". Adorei isso! Porque é realmente uma maneira muito mais interessante de encarar a vida. Isso nos faz lembrar que temos escolhas a fazer. Não *temos de* viver. *Vivemos*.

Não foi escolha nossa nascer neste mundo. E também não foi nossa escolha o fato de que um dia vamos morrer. No entanto, no período entre uma coisa e outra – aquilo que chamamos de vida – nos vemos diante de inúmeras escolhas. Há algumas que, considerando o tipo de sociedade em que vivemos, são óbvias. Podemos escolher nossos amigos, nossas carreiras, estilos de vida, filiação política, fé, o lugar onde viver, que tipo de carro dirigir e que tipo de música ouvir. Mas há outras escolhas que, embora menos óbvias, são bem mais importantes. Porém, ou não temos consciência delas ou não lhes damos suficiente atenção. E no entanto são essas escolhas que determinarão nossa qualidade de vida. Baseado naquilo que a vida me ensinou, eis as escolhas que considero mais importantes:

- *Somos livres para escolher nosso caráter* – o tipo de pessoa que nos tornamos. Podemos nos deixar moldar pelos outros ou pelo ambiente em que vivemos, ou podemos nos dedicar ao auto-aprimoramento. Podemos nos tornar menos do que o que somos realmente capazes de ser ou podemos nos tornar o mais plenamente possível aquilo de que somos capazes.
- *Somos livres para escolher nossos valores*. Podemos deixar que a mídia nos diga o que é importante ou podemos decidir por nós mesmos. Podemos basear nossos critérios no que os outros estão fazendo ou naquilo que sabemos ser certo ou errado.
- *Somos livres para escolher o modo como tratamos as outras pessoas*. Podemos humilhá-las ou podemos estimulá-las. Podemos ser egocêntricos e incoerentes, ou podemos ser respeitosos, gentis e prestativos.
- *Somos livres para escolher como nos comportamos diante*

das adversidades. Podemos nos deixar esmagar, desistir e sentir pena de nós mesmos. Ou podemos decidir procurar uma fonte de força dentro de nós, perseverar e obter o máximo a partir do que a vida nos deu.

- *Somos livres para escolher o quanto vamos aprender.* Podemos encarar o estudo como uma obrigação desagradável ou como uma grande oportunidade para nos aprimorarmos. Podemos manter nossas mentes fechadas ou abertas; podemos ficar estagnados ou podemos crescer.
- *Somos livres para escolher o que vamos realizar na vida.* Podemos permitir que as circunstâncias ou que outras pessoas determinem o que faremos de nós mesmos ou podemos escolher a direção que vamos tomar e as nossas metas. Podemos não ter disciplina alguma e sermos preguiçosos ou podemos ter autodisciplina e sermos esforçados.
- *Somos livres para escolher nosso próprio sistema de crenças*. Podemos ignorar nossa natureza espiritual ou podemos aceitá-la como uma importante dimensão da vida. Podemos cultuar o prazer e as coisas materiais do mundo ou podemos procurar algo que, no final, se mostra muito mais importante.
- *Somos livres para escolher nosso próprio propósito*. Podemos vagar sem nenhum objetivo ou buscar o significado da vida e viver de acordo com ele. Podemos viver de modo a agradar apenas a nós mesmos ou podemos encontrar uma causa maior, que nos ajude a compreender mais plenamente a vida.
- *Somos livres para escolher nossa atitude apesar das circunstâncias*. Esta é a escolha mais importante porque afeta tudo o que fazemos na vida. Ela será explicada mais detalhadamente no próximo capítulo.

ESTAMOS SEMPRE FAZENDO ESCOLHAS

Uma grande parte de nosso potencial é desperdiçada simplesmente porque nunca é usada, da mesma forma que uma pilha oxida ou um músculo fica atrofiado quando deixa de ser utilizado por muito tempo. Na maioria das vezes, não conseguimos exercer nossas escolhas porque não estamos sequer conscientes delas. Ainda assim essas escolhas estão ao nosso alcance a cada dia de nossas vidas. Podemos mudar aspectos menores de nossas vidas ou podemos mudar todo o nosso estilo de vida apenas fazendo escolhas diferentes. Podemos aprender a lidar de maneira mais eficiente tanto com as circunstâncias como com as pessoas. Na verdade, podemos mudar quase tudo que fazemos se tivermos consciência das nossas escolhas e se nossa vontade for suficientemente forte.

O mais importante a compreender em tudo isso é o fato de que estamos *sempre*, em todos os momentos, fazendo escolhas. Igualmente importante é a necessidade de entender que somos o resultado de nossas escolhas. Não podemos escolher *o que* acontece nas nossas vidas, mas podemos escolher *como* reagir aos acontecimentos. Temos a capacidade de sobreviver às adversidades e de superar problemas. Temos a capacidade de nos erguer acima de circunstâncias negativas porque temos o livre-arbítrio, a liberdade e o poder de escolher. Seres humanos não foram concebidos para viver ao acaso. Fomos concebidos para viver segundo as nossas escolhas.

O maior poder que uma pessoa detém é o poder de escolher.

J. Martin Kohe

5

ATITUDE É UMA ESCOLHA – A MAIS IMPORTANTE QUE VOCÊ FARÁ NA VIDA

Tudo pode ser tirado de um homem, menos uma coisa: a última das liberdades humanas – escolher qual será nossa atitude dentro de determinadas circunstâncias, escolher nosso próprio caminho.

Viktor Frankl

COMO PODEMOS TER UMA BOA ATITUDE QUANDO NOSSO MUNDO ESTÁ DESMORONANDO?

Quando eu tinha apenas 25 anos, minha vida se viu abalada. Ocorreu comigo uma coisa que eu pensava que só acontecia com os outros. Meu casamento fracassou. Ainda que o divórcio seja um fato comum na nossa sociedade, a freqüência com que ocorre não faz com que diminuam a dor e o sofrimento por ele causados. Vi algumas vidas destruídas pelo divórcio, e temia que a minha viria a ser uma delas. E, apesar de a dor inicial ter sido devastadora, o pior ainda estava por vir. Fui informado de que um homem não podia criar seus três filhos e que os meus estavam sendo levados para viverem a mais de seiscentos quilômetros de distância. Minha opinião não teve peso algum nessa decisão. Fiquei tão angustiado, que me senti decepcionado tanto com Deus como com o sistema judiciário. Isso estava realmente acontecendo comigo? O que eu tinha feito para merecer isso?

Enquanto lenta e dolorosamente começava a colar novamente os pedaços da minha vida, um amigo deu-me algo que – pensou ele – talvez pudesse me ajudar. Era um livro chamado *Em Busca de Sentido*, de Viktor Frankl. Considero este livro como algo precioso. Venho relendo-o e desde então o tenho dado a muitas pessoas, porque ele me ajudou extraordinariamente. O fato de lê-lo não reconstituiu meu casamento, nem fez com que minha família se unisse novamente, mas fez com que eu encarasse de outra maneira as circunstâncias em que me encontrava. Esta foi uma das coisas mais valiosas que jamais aprendi – o que pensamos sobre os acontecimentos é muito mais importante do que os acontecimentos em si.

Em meio à minha agonia, fiquei sabendo que as circunstâncias em que o Dr. Frankl se encontrara tinham sido muito piores do que as minhas. E ainda assim, usando o livre-arbítrio que lhe foi concedido e a força de sua mente, ele mostrou-se capaz de superá-las. Frankl foi um dos milhões de judeus aprisionados em campos de concentração nazistas durante a Segunda Guerra. O regime de Hitler tirou absolutamente tudo dele: sua mulher, seus filhos, um lar, a prática médica e todos os seus bens materiais. Ele foi atirado num campo de prisioneiros onde experimentou todas as formas possíveis de degradação humana. Frankl assistiu a vários amigos seus serem mortos naquele campo de concentração. Viu também muitos homens cometerem suicídio, enquanto outros simplesmente perdiam a vontade de viver, desistiam e morriam. Frankl mais tarde escreveu que, em meio a toda aquela brutalidade e sofrimento, o que mais o incomodava era ver seus colegas prisioneiros decidirem que não havia mais nenhuma razão de viver e, então, desistirem da vida.

Ele estava determinado a encontrar algo que ainda possuísse e que os nazistas não poderiam tirar, algo importante o bastante para manter sua vontade de viver. Ele decidiu que havia algo que ninguém poderia lhe tirar – a capacidade de escolher sua própria atitude – não importa quão terríveis se tornassem as condições em que se encontrava. Viktor Frankl não apenas sobreviveu às atrocidades do campo e da guerra como veio a se tornar um dos mais respeitados psiquiatras que o mundo já conheceu. Ele ajudou milhares de pessoas que estavam prontas a desistir da vida a recobrar a força de viver mostrando-lhes que ainda tinham escolhas e que, dentro dessas escolhas, seriam capazes de encontrar um novo sentido para suas vidas.

Ele chama de "a última das liberdades humanas" a capacidade de escolhermos nossa própria atitude diante de determinadas circunstâncias. Ele diz que mesmo no campo de prisioneiros havia sempre escolhas a serem feitas. "Cada dia, cada hora oferecia uma oportunidade para tomar uma decisão, uma decisão que determinaria se iríamos ou não nos submeter às forças que ameaçavam nos roubar nossa própria identidade, nossa liberdade mais íntima." Frankl diz que podemos ser vítimas das circunstâncias ou podemos sair vitoriosos do embate com elas. Podemos renunciar à nossa liberdade e dignidade e deixar que as circunstâncias nos moldem, ou podemos escolher nossa própria atitude e nos erguermos acima delas. A chave, diz ele, é saber que aquilo que nos tornamos é o resultado de uma decisão interior.

Em conseqüência da leitura desse livro e da ajuda que recebi dos amigos, mudei de atitude em relação à situação em que me encontrava. Passei de uma postura de derrota e desânimo para uma de otimismo e esperança. Estava determinado a obter o máximo da minha vida, apesar da perda sofrida. A única outra opção que tinha era deixar que a perda me destruísse.

Também estava determinado a viver novamente com os meus filhos, e nem um só dia se passou sem que eu acreditasse que isso iria acontecer. Dois anos depois do divórcio, todos os três voltaram a morar comigo. Marquei assim um ponto importante para o movimento pela igualdade de direitos, ao provar que um homem *podia* criar três crianças. Não era a situação ideal de uma família com que tivesse sempre sonhado, mas fizemos o melhor possível dentro das circunstâncias. Em vez de sentirmos pena de nós mesmos, encontramos razões para sermos gratos. Foi uma luta difícil (a vida é dura), mas foi uma experiência ótima que nos deixou muito felizes, sobretudo porque tivemos ótimas atitudes!

Quase no fim do capítulo anterior, escrevi que a atitude é a escolha mais importante que fazemos na nossa vida porque afeta tudo o que fazemos. Pesquisas realizadas em Harvard e em várias outras universidades de primeira linha comprovam isso. Enquanto participava de cursos sobre a psicologia do "máximo desempenho" em Stanford no final dos anos 90, li vários estudos sobre o tema. As principais descobertas mostravam que a atitude era muito mais importante do que inteligência, educação, talentos especiais ou sorte. As pessoas que conduziram essas pesquisas concluíram que até 85% do nosso sucesso na vida podem ser atribuídos à atitude, enquanto os outros 15% se devem à capacidade. Ainda que seja difícil estabelecer porcentagens específicas para esse tipo de característica, qualquer um que tenha estudado o comportamento humano concordaria que o ponto de partida para qualquer forma de sucesso é assumir uma boa atitude. William James, um dos mais pragmáticos e respeitados psicólogos americanos, disse: "A maior descoberta da minha geração é que os seres humanos podem alterar suas vidas ao alterar suas atitudes." É importante, então, compreender o que exatamente é uma atitude.

Atitude é um ponto de vista mental, uma forma de estruturar a mente. É a maneira como pensamos. É o que acontece dentro de nós – pensamentos e sentimentos – sobre nós mesmos, os outros, as circunstâncias e a vida em geral. Uma atitude é semelhante a um estado de espírito, a uma disposição. É também uma expectativa. Pessoas que costumam ter atitudes positivas esperam o melhor; pessoas com atitudes negativas esperam o pior. Nos dois casos, as expectativas geralmente se concretizam.

O falecido radialista e escritor Earl Nightingale descreveu as atitudes como "reflexos das pessoas". O que se passa dentro de nós sempre acaba transparecendo no nosso aspecto exterior e acaba se refletindo no que dizemos e fazemos. Nossas atitudes também funcionam como uma espécie de ímã. Somos puxados na direção dos nossos pensamentos, sejam eles positivos ou negativos. Geralmente recebemos o que esperamos porque os pensamentos que decidimos ter põem as rodas em movimento e nos levam para determinada direção. Em certa medida, é a velha lei da causa e efeito: uma boa atitude obtém bons resultados; uma atitude ruim traz maus resultados. Pessoas que normalmente são bem-sucedidas esperam ter sucesso. Elas desenvolvem o hábito de esperar que coisas boas aconteçam e sabem que a mente é o principal veículo para levá-las aonde elas querem.

O principal ponto para o qual chamei a atenção no capítulo 2 foi o de que o mundo não vai se dedicar a nos fazer felizes. Ele não funciona de modo a nos satisfazer, nem vai se adaptar às nossas necessidades e desejos. Nós é que temos de formar uma atitude interior que nos faça conscientes de que somos responsáveis por nos adaptarmos ao mundo de modo a satisfazer essas necessidades e vontades. Podemos fazer isso desenvolvendo uma atitude a respeito da vida que se apóie numa expectativa ao mesmo tempo positiva e realista. Não podemos ajustar as situações às nossas vidas de um modo perfeito, mas podemos ajustar nossas atitudes para que se adaptem a qualquer situação. Tanto as atitudes boas quanto as ruins são fruto de aprendizagem. Ninguém nasce com uma determinada atitude. Ela é desenvolvida ao longo do tempo. O ponto em que estamos hoje é resultado das atitudes que aprendemos (escolhemos). Se queremos mudar esse quadro, precisamos começar mudando nossas atitudes e também aprendendo outras novas.

A coisa mais importante que aprendi ao ler o livro de Frankl foi que podemos dirigir nossos pensamentos de modo que trabalhem para nós ou contra nós. Eles podem ser nossos melhores amigos e nossos piores inimigos. Eles podem nos oferecer uma perspectiva positiva, atrair pessoas e aumentar em muito nossas chances de sucesso. Por outro lado, eles podem gerar uma perspectiva negativa, afastar as pessoas e condenar nossas chances de sucesso. É por isso que a atitude é a mais importante escolha que fazemos em nossas vidas.

NOSSA ATITUDE É O QUE DIZEMOS QUANDO CONVERSAMOS COM NÓS MESMOS

Se você é como as outras pessoas, você conversa um bocado com você mesmo. Não sei se alguém já estudou o assunto, mas acho que falamos com nós mesmos metade do tempo em que estamos sozinhos. E o que dizemos a nós mesmos tem um impacto maior do que aquilo que os outros nos dizem. Formamos pensamentos e sentimentos com base naquilo que falamos para nós mesmos, e agimos levando em conta esses pensamentos e sentimentos. Nossa conversa com nós mesmos é a nossa atitude.

Há alguns anos, quando estava procurando visões interessantes a respeito de atitudes, um livro de título intrigante chamou minha atenção. Era *What to Say When You Talk to Your Self* [O que dizer quando você fala com você mesmo]. Foi escrito por Shad Helmstetter, uma autoridade em autogerenciamento e um consultor para corporações e organizações espalhadas por todo o mundo. O livro revelou-se tão bom quanto o seu título e contém ótimos conselhos sobre como desenvolver uma atitude saudável. Helmstetter vê a atitude como uma chave para administrar qualquer coisa de maneira eficiente – uma organização, uma carreira, um lar ou uma vida individual. Isso ocorre porque tudo que fazemos é afetado por nossas atitudes. Uma mudança de atitude pode resultar em mudanças drásticas na vida de uma pessoa. Helmstetter afirma que mesmo pequenos ajustes de atitude podem afetar profundamente o que fazemos e como fazemos as coisas. Ele acredita que a atitude é tão importante, que a considera o fator decisivo para saber se vamos ou não ter sucesso na vida. "A atitude certa nos dá uma importante vantagem", diz ele.

Helmstetter está convencido de que uma boa atitude é o principal ingrediente de uma boa vida. É o que ele afirma:

> "Nossas atitudes nos empurram para a frente, na direção de nossas vitórias, ou fazem com que nos atolemos na derrota. Elas são o ponto de apoio por trás de todos os passos que damos. É o aspecto da nossa personalidade que os outros mais vêem. Elas nos descrevem e nos definem, projetando a imagem que apresentamos ao mundo à nossa volta. Nossas atitudes nos tornam ricos ou pobres, felizes ou infelizes, realizados ou frustrados. Elas são o fator isolado mais determinante em todas as ações que empreendemos em nossas vidas. Nós e nossas atitudes estamos inextrincavelmente combinados; somos nossas atitudes e nossas atitudes são nós."

TRÊS GRANDES MANEIRAS DE ENCARAR A VIDA

Os adeptos do golfe sabem que seu jogo é determinado pela maneira como abordam a bola. Os pilotos sabem que a parte mais delicada da aterrissagem é fazer a aproximação certa. Advogados sabem que a maneira como se dirigem ao júri será o fator determinante em cada caso. Abordar, se aproximar, se dirigir a alguém, tudo isso significa preparar-se para dar os passos preliminares com o objetivo de realizar alguma coisa. A maneira certa de encarar qualquer coisa é fundamental para gerar os resultados que esperamos. Resumindo: nossas atitudes são o modo como encaramos a vida. E o modo como a encaramos vai determinar nosso sucesso ou nosso fracasso.

Tomando como base todas as coisas que já fiz, li, ouvi e vi, estou convencido de que há três grandes maneiras de encarar a vida. São três das mais importantes escolhas que jamais poderemos fazer. São três das melhores atitudes que poderemos assumir. Garanto que quanto mais você adotar essas três maneiras de encarar a vida, mais sucesso terá.

1. Pense com a mente aberta

> *Uma mente aberta é o começo da autodescoberta e do crescimento. Não podemos aprender nada novo até admitirmos que não conhecemos tudo.*
>
> Erwin G. Hall

Na faculdade, eu me interessava também por filosofia. Freqüentei, então, muitos cursos que me forçaram a pensar num nível mais profundo do que estava habituado. Tudo começou com um curso de lógica. O professor disse que o objetivo da lógica era fazer com que pensássemos de modo direto, que examinássemos todos os aspectos de uma questão e fôssemos capazes de chegar a conclusões baseadas em raciocínios sensatos. Ele disse que nos treinaria, fazendo com que adotássemos bons hábitos mentais. Então acrescentou algo que nunca esqueci: "Mas não posso ensinar a vocês coisa alguma se não vierem para a aula com a mente aberta. Na verdade, não aprenderão nada até aprenderem a abrir suas mentes."

Naturalmente, havia algumas perguntas a serem respondidas. Tínhamos acabado de sair da escola secundária, nunca tínhamos sido desafiados a pensar e nem sabíamos ao certo o que era exatamente uma mente aberta. O professor, um jesuíta sábio e gentil, disse: "Uma mente aberta é uma atitude. Significa que você não acha que já sabe tudo. Este é o problema de muitos jovens. Eles aprendem um pouco e então pensam que sabem tudo. As suas mentes se fecham e nada de novo consegue entrar ali. Eles se transformam em sabichões. Este é o pior erro que podem cometer."

O professor também queria que compreendêssemos que uma mente aberta não é a mesma coisa que uma cabeça vazia. Ele enfatizou novamente que ter a mente aberta é uma atitude, a chave para toda forma de aprendizado e de crescimento pessoal. Disse que o propósito da educação não é *encher* nossas mentes, mas *abri-las*. Quanto mais conhecimento obtemos, mais compreendemos o quanto não sabemos. É isso que significa ter a mente aberta. Essa atitude nos ajuda a ver todos os lados de uma questão, a sermos mais compreensivos e a termos consciência de nossas próprias limitações.

2. Pense por si mesmo

Não deixe que o mundo à sua volta o aperte no seu próprio molde.

Romanos 12:2

Podem acreditar, o mundo se esforça ao máximo para tentar fazer exatamente isso, usando milhares de ardis engenhosos que não existiam na época em que São Paulo escreveu este conselho para seus amigos. Sem fazer nenhum esforço e sem sequer se dar conta do que está acontecendo, podemos transformar nossas vidas num exercício do mais inconsciente conformismo: siga o fluxo, entre na moda, seja *in*. Em outras palavras, deixe que os outros pensem por você. Sei como é fácil cair nessa porque eu mesmo já segui esse caminho. É como entrar num grande círculo e seguir quem vai na frente rumo a parte alguma.

Se a capacidade de escolher é nossa maior liberdade e fonte de força, então não podemos nos dar o luxo de abrir mão do direito de escolher nossos pensamentos. Eles são nosso mais valioso recurso. A mídia, o mundo da propaganda e outras pessoas tentam todos os dias pensar pela gente. Se deixarmos, eles vão assumir o papel de nossas mentes. Mas temos uma escolha. Se prestarmos atenção ao que está acontecendo à nossa volta, podemos separar o joio do trigo e preservar o direito de pensar por conta própria. Podemos escolher nossos próprios pensamentos e, com eles, nossas próprias crenças, valores e prioridades. Podemos fazer o que é certo para *nós* em vez de fazer as coisas que *todos* estão fazendo.

Um dos escritos mais famosos de Ralph Waldo Emerson é um ensaio chamado "Autoconfiança". Trata-se de uma poderosa defesa da necessidade de pensarmos por nós mesmos. Ele sentia, mesmo na década de 1840, que um grande número de pessoas adotava o caminho mais fácil ao optar por "viver segundo a opinião do resto do mundo". Mas quando fazemos isso, abrimos mão do direito de sermos nós mesmos. Precisamos desenvolver e valorizar nosso próprio caráter e não deixar que ele seja moldado por outra pessoa ou outra coisa qualquer. Se deixarmos que outros pensem por nós, nunca experimentaremos o que Emerson chama de a integridade das nossas próprias mentes. Ele conclui seu ensaio com a seguinte afirmação: "Ninguém pode lhe dar paz a não ser você mesmo. Nada pode lhe dar paz a não ser a vitória dos princípios."

3. Pense de modo construtivo

> *O pensador sabe que ele hoje está aonde seus pensamentos o levaram e que ele está construindo seu futuro pela qualidade dos seus próprios pensamentos.*
>
> Wilfred Arlan Peterson

O pensamento positivo funciona? Nem sempre. Mas é muito mais eficiente do que o pensamento negativo. Na verdade, ambos funcionam só em certa medida. Eles colocam em movimento as engrenagens que satisfarão nossas expectativas. Pensamento positivo é uma expressão que soa bem, mas para a maior parte das pessoas é só uma maneira de se iludir. É por isso que não funciona sempre. O *pensamento* positivo tem de ser acompanhado de uma *crença* positiva. O ato de acreditar é um processo espiritual e mental mais profundo do que a noção que uma pessoa média tem a respeito do pensamento positivo. Pessoas que vencem na vida não *pensam* que podem vencer – elas *acreditam* que podem. Esta crença em si mesmas não é resultado de ocorrências isoladas de pensamento positivo. Ela se desenvolve ao longo de um período de tempo, ganha substância e acaba se tornando um jeito de viver.

É por isso que prefiro a expressão pensamento construtivo. Ainda que seja similar ao pensamento positivo, ela leva em conta o fato de que ninguém pode ter pensamentos positivos 100% do seu tempo. Isso é impossível. Os que pensam de modo construtivo têm consciência de que existe uma série de idéias negativas clamando por sua atenção, mas não se deixam arrastar por elas. Ao contrário, eles se exercitam para escolher pensamentos que irão aprimorar seu caráter e levar à sua realização pessoal.

Nos últimos anos, a mente humana vem sendo comparada a um computador. Ambos são instrumentos maravilhosos, mas que só trabalham se forem abastecidos com as informações certas. Programadores da área de informática usam um acrônimo chamado GIGO: "*garbage in, garbage out*" [entra lixo, sai lixo]. A mente funciona da mesma maneira. Tem de ser alimentada com informações úteis para funcionar com a máxima eficiência. Os que pensam de modo construtivo sabem disso. São cuidadosos ao selecionar a informação que é oferecida às suas mentes. Também são cuidadosos ao manter o lixo fora delas. É uma maneira efetiva de escolher os pensamentos certos.

Sua capacidade de escolher, especialmente de escolher sua própria atitude, é o recurso mais importante que você tem para ser bem-sucedido na vida. O melhor conselho que tenho a dar é: pense com uma mente aberta, pense por você mesmo e pense de modo construtivo.

> *Sua maneira de viver é determinada não tanto pelo que a vida lhe traz, mas pela atitude que você traz para a vida; não tanto pelo que acontece com você, mas pelo modo como sua mente vê o que acontece.*
>
> John Homer Miller

6

OS HÁBITOS SÃO A CHAVE PARA TODO SUCESSO

Na verdade, a única diferença entre aqueles que fracassaram e os que tiveram sucesso está na diferença entre os seus hábitos.

Og Mandino

O PODER DO HÁBITO

Somos criaturas formadas pelos hábitos. Ao longo de todos os anos em que tenho escutado essa antiga expressão, nunca ouvi alguém que a contestasse. Provavelmente porque há tanta verdade nela. Na realidade, somos produtos dos nossos hábitos numa medida ainda maior do que pensa a maior parte das pessoas. Alguns psicólogos acreditam que até 95% do nosso comportamento são determinados por nossos hábitos. Ainda que alguns possam questionar este número, duvido que alguém discorde de que os hábitos exercem uma influência poderosa sobre nós. A maioria deles começa de um modo inocente e não-intencional. No início eles formam uma espécie de linha invisível. Mas, à medida que vão se repetindo, essa linha fica emaranhada num cordão e em seguida numa corda. Cada vez que repetimos um ato, aumentamos essa corda e a fortalecemos. A corda se transforma numa corrente e depois num cabo. Finalmente, acabamos nos transformando nos nossos hábitos. Como disse há trezentos anos o poeta John Dryden: "Primeiro fazemos nossos hábitos e então nossos hábitos nos fazem."

O significado original da palavra *hábito* era – e é ainda – "traje" ou "peça de roupa". Como ocorre com as roupas, nós usamos nossos hábitos todos os dias. Nossas personalidades são, na verdade, uma combinação de nossas atitudes, hábitos e aparência.

Em outras palavras, nossas personalidades são as características pelas quais somos identificados, as nossas partes cujos reflexos são percebidos pelos outros. Tal como nossas roupas, nossos hábitos são adquiridos. Não nascemos com nenhum deles. Nós os aprendemos, da mesma forma que aprendemos nossas atitudes. Eles se desenvolvem ao longo do tempo e são reforçados através da repetição.

Não é meu objetivo oferecer uma explicação científica sobre como e por que formamos nossos hábitos. Só quero chamar a atenção para o fato de que é isso o que ocorre com todos nós. Os hábitos são parte do ser humano. Ninguém escapa deles. Não aconselho as pessoas a evitar adquirir hábitos, pois isso seria impossível. Eu as aconselho a prestar atenção e pensar no tipo de hábitos que estão formando. Gostemos ou não, nós nos tornamos escravos dos nossos hábitos. Eles terminam por trabalhar a nosso favor ou contra nós.

Acredito que um dos principais problemas é que nunca colocamos ênfase suficiente na formação de bons hábitos. A única ocasião em que ouvimos as palavras *bom* e *hábito* na mesma frase é quando um professor comenta que devemos ter bons hábitos de estudo. Se bons hábitos conduzem ao sucesso na escola, então eles levarão ao sucesso em outras áreas de nossa vida. Mas, infelizmente, nossos maus hábitos atraem a maior parte da atenção, o que só faz reforçá-los. Precisamos mudar nosso foco para o aspecto positivo dos hábitos e empregar mais energia para construir bons hábitos. Saber das recompensas que eles podem nos trazer é algo capaz de nos ajudar nesse processo.

HÁBITOS DE VENCEDOR

Aprendi sobre a importância de bons hábitos tanto na escola secundária como na faculdade. Mas não foi na sala de aula que aprendi a respeito deles; tudo que aprendi sobre eles foi na quadra de basquete. Eu tinha uma autêntica paixão pelo jogo e adorava fazer a bola passar pelo aro da cesta. Mas um destacado técnico da escola me ensinou que o jogo tinha outros aspectos: o trabalho com os pés, a defesa, o posicionamento, fazer a bola quicar, saber dar os passes. Quando eu era um calouro, ele me disse que se eu quisesse me tornar bom o bastante para jogar no time da escola tinha de ser um jogador completo, não apenas um cestinha. Ele disse: "Eu desenvolvo essas habilidades ensinando vocês a aplicar essas técnicas corretamente e fazendo com que as repitam muitas vezes. Quanto mais repeti-las, mais fácil será fazê-las quando estiverem em um jogo de verdade. Elas virão automaticamente se vocês desenvolverem bons hábitos."

Era o seu jeito de me fazer entender que o basquete nem sempre iria ser divertido. Na prática ia significar muito trabalho duro, treinamento, condicionamento e dor. Significaria repetir os mesmos movimentos vezes sem conta. Certo dia, quando estávamos praticando um dos exercícios mais odiados, ele disse: "Quero que vocês façam isso tanto, mas tanto, que vão acabar fazendo até dormindo." E até hoje me lembro que era exatamente o que eu fazia. Acordava me sentindo cansado porque tinha feito exercícios com os pés a noite toda. O resultado de todo esse empenho é que bons hábitos foram formados. E, como o técnico dissera, quando chegou a hora do jogo, fizemos automaticamente as coisas certas. Essas habilidades não vêm naturalmente. Vêm como resultado daquilo que ele disse que determinaria nosso sucesso: formar hábitos de vencedores.

Quando cheguei à faculdade, tive o privilégio de jogar para um dos técnicos de maior sucesso de todos os tempos. Phil Woolpert era um dos nomes mais respeitados na sua profissão. Por causa dele, minha educação no que diz respeito à importância dos bons hábitos foi levada a um nível superior. Os dolorosos treinamentos na escola secundária foram apenas um aquecimento para o que Phil iria me ensinar. Havia um treinamento que ele chamava de "mãos ao alto". Implicava colocar nossos pés em posição, dobrar os joelhos, pôr uma das mãos bem acima das nossas cabeças e a outra esticada para o lado. Então nos movíamos rapidamente para a frente, para trás, para a esquerda e para a direita, de acordo com os seus comandos. Chamávamos esse exercício de "temporada no inferno" porque nos fazia sentir muita dor e parecia durar uma eternidade. Mas sempre trabalhávamos bem na defesa, porque estávamos prontos; nossos pés, joelhos e mãos iam automaticamente para as posições certas. Tal como meu técnico na escola secundária, Phil acreditava que desenvolver bons hábitos era a chave do sucesso.

E isso não se aplicava apenas à quadra de basquete. Ele me ensinou algo que nunca esqueci. Estávamos treinando uma jogada na qual eu corria para um lugar sob a cesta, recebia um passe e rapidamente marcava um ponto com facilidade. O único problema foi que o cara na defesa me bloqueou. Phil interrompeu a jogada no meio e observou que, se eu não tivesse cometido pequenos erros, teria marcado os dois pontos. Quando recebi o passe, eu olhei para baixo, para o chão, quiquei a bola uma vez e só então tentei o arremesso. Ele me mostrou que assim eu tinha dado tempo ao adversário para se preparar para mim. Ele me disse para criar o hábito de manter as mãos, a cabeça e os olhos erguidos, e então subir imediatamente para tentar o arremesso. Phil declarou que desenvolver pequenos hábitos como esse podia fazer uma grande diferença na minha eficiência como jogador. E acrescentou: "Bons hábitos fazem a diferença, não apenas na quadra, mas em tudo o que fazemos."

Ali estava um homem que eu admirava muito me ensinando coisas sobre um jogo que eu adorava. E, ao longo do processo, ele me deu uma das mais valiosas lições da vida. Phil não era respeitado apenas porque seus times ganhavam jogos. Era respeitado por causa dos princípios segundo os quais vivia e com os quais treinava seus jogadores. Pouco depois do seu comentário sobre a diferença que os hábitos fazem em todos os aspectos da nossa vida, compreendi o que admirava tanto nele. Seus princípios bastante elevados eram na verdade seus próprios hábitos, as coisas certas que fazia todos os dias. Phil morreu há alguns anos e os dias em que eu jogava basquete há muito ficaram para trás, mas a influência de um bom professor continua a se fazer sentir para sempre. Ele me ensinou que bons hábitos realmente fazem diferença em todas as nossas ações. Não temos sucesso fazendo alguma coisa certa uma só vez; temos sucesso fazendo com regularidade coisas certas o maior número de vezes possível. Os hábitos são o segredo de todo sucesso.

MUDANDO DE HÁBITOS

Toda vez que ensino ou falo sobre este tema, sempre insisto que, tal como as atitudes, os hábitos podem ser mudados. Nem a nossa idade, nem o tempo que já passamos cultivando determinado hábito podem servir de argumento para nos agarrarmos a ele. A única coisa que importa é o desejo. Invariavelmente, alguém me pergunta: "Você já não ouviu dizer que não se pode ensinar novos truques a um cachorro velho?" Eu respondo que sim, que ouvi esse ditado muitas vezes, mas alguns treinadores de cachorro provaram que não é verdade. Além disso, minha mensagem não é dirigida a cachorros e não é sobre truques. É voltada para pessoas e é sobre seus hábitos.

Há cerca de 11 anos, mudei um hábito que mantinha há mais de trinta anos. Eu praguejava e falava palavrões. Fico até sem graça em admitir agora que durante esse tempo todo nunca pensei que pudesse haver alguma coisa de errado com esse hábito. "Todo mundo faz isso, e, de qualquer jeito, são apenas palavras", eu racionalizava. Mas um amigo por quem tinha grande admiração certo dia gentilmente chamou minha atenção para esse fato. Ele me perguntou se eu não percebia que as palavras que usava revelavam alguma coisa a meu respeito. Perguntou também se nunca tinha me ocorrido que algumas das palavras poderiam soar ofensivas para outras pessoas. E me perguntou ainda se eu não achava que me comunicaria melhor escolhendo palavras mais precisas e eficazes. Não encontrei nenhum argumento que justificasse meus palavrões. Então, depois de pensar algum tempo sobre isso, parei de dizer palavrões. Por quê? Primeiro, porque vi que minha linguagem era ofensiva para os outros e prejudicial para mim. Segundo, porque tinha vontade suficiente para conseguir parar. Quanto mais pensava no que meu amigo falara, mais vontade tinha de parar.

Não estou dizendo que todos os hábitos que mantemos há muito tempo podem ser interrompidos assim, de repente, com facilidade. Essa tática de parar *no susto* funciona com algumas pessoas, mas não com outras. Na verdade, é mais uma exceção do que a regra, principalmente quando lembramos que existem hábitos como beber, fumar e usar drogas. Mas os pontos de partida ainda terão de ser os mesmos: enxergar a necessidade e ter o desejo de parar. Se eles não estiverem presentes, toda a ajuda do mundo não servirá de nada.

Tentar romper um mau hábito através da simples força de vontade raramente dá certo. Já ficou provado que é muito mais eficaz tentar substituir o hábito – trocá-lo por um comportamento mais positivo. Esta técnica vem sendo posta em prática há séculos, pelo menos desde a época de Benjamin Franklin. Na sua autobiografia, Franklin explica que a técnica que empregou para eliminar seus piores hábitos foi substituí-los por outros, melhores. Ele fez uma lista de 13 qualidades que desejava ter. Colocou-as em ordem de importância e escreveu cada uma numa página separada de um pequeno caderno. Passou a se concentrar em uma qualidade de cada vez, durante uma semana. Se não conseguisse praticar de uma forma satisfatória aquela qualidade, fazia pequenos sinais pretos ao seu lado.

Trabalhando regularmente cada uma das qualidades, acabou adquirindo-as e podendo eliminar os sinais negativos. Ao usar essa técnica, os novos hábitos de Franklin substituíram alguns de seus antigos hábitos. Ele eliminou todo um conjunto de comportamentos que trabalhavam contra ele, e adquiriu outro conjunto mais benéfico. Franklin disse que a experiência o ajudou a perceber que tinha mais defeitos do que pensara originalmente, mas também lhe deu a grande satisfação de ver esses defeitos substituídos. Através de um esforço consciente, Franklin adquiriu hábitos melhores. Ao fazer isso, tornou-se uma pessoa melhor.

HÁBITO E CARÁTER

Fiquei interessado no papel que o hábito desempenha em nossas vidas devido aos meus treinos na quadra de basquete nos tempos de juventude. Especialmente desde aquele dia em que Phil Woolpert disse: "Bons hábitos fazem a diferença... em tudo o que fazemos." Quando me aproximava dos quarenta anos, comecei a descobrir coisas importantes sobre a vida e também a entender que existe uma relação entre os hábitos, o caráter e o verdadeiro sucesso. Como disse George Dana Boardman: "Plante um ato... colha um hábito; plante um hábito... colha um caráter; plante um caráter... colha um destino."

Conforme meus hábitos e meu caráter iam melhorando, o mesmo acontecia com a qualidade da minha vida. Era natural que, como professor, eu quisesse compartilhar essas descobertas com meus alunos. Mas um professor não pode formular uma teoria baseando-se exclusivamente nas suas experiências. É preciso que haja provas para sustentá-la. Então vasculhei bibliotecas e livrarias em busca de obras sobre o assunto. Para minha surpresa, poucos livros foram escritos sobre este tema tão importante. No entanto, os dois que descobri reforçaram minha crença de que nossos hábitos refletem nosso caráter.

O primeiro foi *Habits of the Heart* [Hábitos do coração], do sociólogo Robert Bellah e de quatro de seus colaboradores. Eles escrevem que "...o tipo de vida que desejamos depende do tipo de pessoas que somos – depende de nosso caráter". Não é o que *temos* ou as técnicas que empregamos que nos tornam bem-sucedidos. É quem nós *somos*. Os hábitos mais importantes são os que envolvem nossas relações com outras pessoas e com o resto do mundo. Pessoas com princípios nobres e de bom caráter têm hábitos como integridade, preocupação com os outros, generosidade, solidariedade, confiabilidade. Sabem que uma boa vida é impossível se estivermos preocupados apenas conosco. Conseguimos o que fazemos por mérito, não tirando da vida, mas contribuindo para ela.

O outro livro é *Os Sete Hábitos das Pessoas Altamente Eficazes*, de Stephen R. Covey. O que o autor tenta mostrar é que há gente demais no mundo seduzida pelo que ele chama de sucesso aparente. Apesar de alcançarem o sucesso, acabam se sentindo vazias. Elas aprenderam métodos para obter coisas, mas não desenvolveram os princípios e hábitos que resultam em sentimentos de autovalorização e realização. Covey diz que as pessoas acabaram se afastando da ética à medida que passaram a buscar meios mais rápidos para adquirir riquezas materiais. Ele acredita ser necessária uma volta as bons hábitos. Sua premissa é: "A Ética do Caráter nos ensinou que há princípios básicos para se viver de uma maneira efetiva e que as pessoas só podem conhecer o verdadeiro sucesso e a felicidade duradoura à medida que incorporarem esses princípios à base de seu caráter."

Bons hábitos fazem a diferença em tudo o que fazemos. Eles são a chave do verdadeiro sucesso.

"Nós somos o que fazemos de maneira repetida. Então, a excelência do que fazemos não é um ato, mas um hábito."

Aristóteles

7

EXPRESSAR GRATIDÃO É UM HÁBITO – O MELHOR QUE VOCÊ PODE TER

Não reclame daquilo que você não tem... Aproveite o que tem.

H. Stanley Judd

A QUE VOCÊ DÁ ATENÇÃO?

Quantas vezes por dia você reclama? Se você se parece com meus alunos, tanto os do segundo grau como os da universidade, esse número vai ser bem alto. Não estou criticando meus alunos, só constatando os fatos. Durante muitos anos fiz algumas experiências tanto com minhas turmas quanto com o público de minhas conferências, e elas provaram que há muita verdade na afirmação do filósofo Arthur Schopenhauer de que "raramente pensamos naquilo que temos, mas sempre naquilo que nos falta".

O primeiro experimento é um exercício simples – simples de explicar, mas não de fazer. Eu pedia aos meus alunos que passassem as 24 horas seguintes sem reclamar. A primeira reação geralmente era reclamar da tarefa. Depois de superar este primeiro obstáculo, discutíamos alguns dos detalhes que a tarefa envolvia. Minha primeira sugestão era que não interrompessem o experimento quando, já na primeira hora, rompessem a regra ao reclamar de alguma coisa (porque é o que a maioria deles fazia). Se não conseguissem passar as 24 horas sem reclamar, queria que pelo menos descobrissem a quantas reclamações poderiam se limitar durante o período de um dia. Sugeria então que levassem um pedaço de papel e que tomassem nota a cada vez que reclamassem e a cada vez que estivessem na iminência de reclamar.

No dia seguinte discutíamos o resultado da tarefa. Pedia aos estudantes que tentassem adivinhar quantas pessoas tinham sido capazes de ficar sem reclamar desde o dia anterior. Todos eles escreviam um número, e eu também. Numa turma de trinta, seus palpites ficavam entre seis e doze. Minha própria predição era sempre zero. E este era sempre o número correto, já que eu tinha a vantagem de saber o que acontecera em todas as vezes anteriores. Levou 23 anos para que eu finalmente encontrasse um aluno que conseguiu realizar a façanha. Fazendo uma estimativa "por baixo", até hoje desafiei cerca de 70 mil pessoas de todas as idades a se porem à prova desta maneira. Pela última contagem, encontrara apenas quatro que não tinham reclamado.

No entanto, a melhor parte desse experimento era a discussão que se seguia: Qual o objetivo da tarefa? O que tinham aprendido ao tentar realizá-la? Chegava-se sempre a um consenso em torno das respostas a essas duas perguntas. A resposta à primeira geralmente era esta: "Você queria nos mostrar o quanto nós reclamamos." Certo. A segunda geralmente era: "Aprendi que não tenho tanta coisa sobre que reclamar. Reclamo de coisas idiotas." Certo de novo. Seja porque realmente tivessem reclamado, seja porque tivessem se surpreendido já quase reclamando, eles constatavam o quanto eram freqüentes suas reclamações e o quanto eram fúteis.

Mas essa era apenas parte da tarefa. A segunda parte começava logo após a discussão. Distribuía entre os estudantes uma folha de papel onde se lia no alto: "Agradeço por..." Tinha três colunas embaixo. Na primeira coluna vinha escrito: "Coisas." Pedia que listassem ali todas as coisas materiais que eles estavam felizes por possuir. A segunda dizia: "Pessoas." Eles listavam ali todas as pessoas de que gostavam. A terceira coluna dizia: "Outros." Nela listavam qualquer coisa pela qual se sentiam agradecidos e que não se encaixava nas duas anteriores. As colunas das Coisas e Pessoas rapidamente eram preenchidas, mas a coluna onde estava escrito Outros levava mais tempo.

Ouvia perguntas como: "O que quer dizer com isso?" e "Pode nos dar algumas idéias?". Então pedia que espontaneamente falassem das idéias que lhes ocorriam. Eis alguns dos Outros que surgiam: liberdade, oportunidade, amizade, amor, inteligência, habilidades, saúde, talentos, paz, fé, Deus, segurança, conhecimento, experiências, beleza, gentileza e por aí adiante. Em vinte minutos, as três colunas ficavam cheias.

A terceira parte da tarefa começava imediatamente. Nas 24 horas seguintes, pedia que lessem a lista quatro vezes: depois do almoço, depois do jantar, antes de dormir e na manhã seguinte antes de ir para a escola ou para o trabalho. Quando chegavam no dia seguinte, eu perguntava se tinham sentido alguma diferença em relação ao dia anterior, depois de tentarem não reclamar. Na verdade, já sabia a resposta. Até a linguagem corporal com que se expressavam ao entrar na sala era significativamente diferente. Havia mais sorrisos – e mais largos –, os olhos estavam mais abertos e os corpos, mais animados. Mágica? Não, apenas o efeito de terem valorizado mais o que tinham. O ato de sentir gratidão faz maravilhas pela alma da gente. Tudo o que temos de fazer é nos perguntar a que exatamente estamos dando atenção. Quando centramos nosso foco no positivo, e não no negativo, nossa vida melhora de modo considerável.

Ao descrever a experiência, não sei se consegui transmitir o verdadeiro espírito que dominava esses exercícios. Se estivesse explicando pessoalmente o que acontece durante esse período de 48 horas, minha voz manifestaria um enorme entusiasmo e vocês veriam meus olhos brilharem de alegria! Mesmo depois de repetir a experiência por mais de trinta anos, ainda me espanto ao perceber como esse método se mostrou eficiente em despertar as pessoas para tomar contato com o que têm e com as razões para se mostrarem agradecidas. Na verdade, esta foi uma das duas melhores experiências que vivi em toda a minha carreira de professor. (Explico qual foi a outra no capítulo 10.)

Gostaria de enfatizar o quanto os adultos se beneficiam com esses simples exercícios. No início eu usava essa técnica apenas com alunos do segundo grau. Mas a verdade é que os adultos costumam reclamar mais do que os garotos. Então pensei que poderia experimentar o mesmo método com eles. E é bom lembrar que muitos dos meus alunos de universidade estavam na casa dos trinta ou quarenta anos. Sua resposta ao exercício foi ainda mais impressionante do que a dos estudantes dos colégios. Provavelmente porque não valorizavam as coisas que tinham e conviviam com essa atitude há mais tempo. No fim do curso ficavam tão entusiasmados com o exercício que até parecia que eu tinha descoberto o significado da vida. Não fui até esse ponto, mas tenho certeza de que os ajudei a descobrir algo que não apenas acrescenta sentido à vida, mas que também a torna muito prazerosa.

Sentir e expressar gratidão repetidamente pode tornar-se um hábito. É o melhor hábito que podemos adquirir, porque é a maneira mais saudável de encarar a vida. Não é só um hábito, mas uma atitude. Sermos capazes de valorizar o que temos é uma das chaves para a nossa realização. A verdadeira felicidade começa quando nos sentimos agradecidos. Talvez seja por isso que a Bíblia nos diz que devemos começar nossas preces agradecendo, em vez de pedir.

Deveríamos pensar sobre tudo que temos e celebrar nossas bênçãos com aqueles que amamos todos os dias do ano. Será que a sua própria vida seria diferente se você mantivesse as três listas e as lesse quatro vezes por dia? Eu acho que seria diferente, e existe um jeito muito fácil de descobrir se estou certo. Imagino que você levaria no máximo meia hora para preencher as três colunas e alguns poucos minutos por dia para lê-las.

Funciona. Posso garantir. É um grande ponto de partida para aprendermos a valorizar o que temos. Como outras ações e pensamentos repetidos com freqüência, agradecer pode tornar-se um modo de vida. Quer dizer, se escolhermos a gratidão como atitude e a transformamos num hábito.

VALORIZANDO O QUE TEMOS

Benjamin Franklin dizia que só damos valor à água no dia em que o poço seca. Isso também vale para um monte de outras coisas. É fácil aceitar pessoas, coisas e liberdade como sendo eternas, especialmente se nunca fomos privados delas. Às vezes, ficar sem elas pode oferecer uma grande lição. Eddie Rickenbacker, o famoso piloto da Primeira Guerra Mundial, certa vez ficou à deriva numa balsa, irremediavelmente perdido em pleno oceano durante vinte dias. Mais tarde lhe perguntaram se tinha aprendido alguma coisa com a experiência. Ele disse: "A maior lição que aprendi foi que se você tem toda a água que quer beber e toda a comida que quer comer, não deveria nunca reclamar de coisa alguma." Nós infelizmente nos queixamos e reclamamos de coisas insignificantes, e isso pode se tornar um hábito, um modo de vida. Você não conhece alguns reclamadores compulsivos? Não são pessoas agradáveis de se conviver, não é mesmo?

Há grupos de estudantes do segundo grau e da universidade na minha região que todos os anos vão para o México ajudar a construir pequenas casas para os pobres. Eles sempre retornam dessa experiência com uma visão nova a respeito da vida. Eles vêem como as coisas são difíceis para os camponeses mexicanos, privados de coisas que nós consideramos básicas e essenciais. Mas eles também vêem como essas pessoas sentem-se agradecidas e felizes com o pouco que realmente *têm* e recebem. Esses estudantes voltam para casa se sentindo melhor porque ajudaram pessoas menos afortunadas. Mas também voltam para casa dando mais valor ao que eles próprios possuem.

Infelizmente, não precisamos de nenhuma experiência direta para saber como o resto do mundo vive e o quanto somos realmente abençoados. É triste que tenhamos nos tornado insensíveis às imagens transmitidas pela mídia de pessoas passando fome em outras partes do mundo e em nosso país. Elas só chegam a provocar impacto quando entramos em contato direto com essa realidade. Há alguns anos, minha mulher Cathy e eu estivemos na China. Quatro horas de viagem a bordo de um ônibus nos levaram de Hong Kong até Cantão, uma grande cidade no sul do país. Eu já tinha visto inúmeras imagens sobre a vida na China, mas essa experiência me perturbou. Para escrever no meu diário sobre o que via e sentia, precisei procurar as palavras adequadas. Finalmente, as palavras que encontrei foram *sordidez* e *desesperança*. Ao longo de centenas de quilômetros, tudo o que presenciava nos dois lados da estrada era uma miséria que ia além da minha compreensão. Não importa quantas vezes nos contem ou quantas imagens vejamos, o impacto só se faz sentir quando vemos as coisas com nossos próprios olhos. Isso me fez lembrar do exercício sobre "não reclamar", e escrevi o seguinte no meu diário: "Gostaria que houvesse vários ônibus atrás de nós lotados com meus alunos, tanto os adolescentes como os adultos. Gostaria que pudessem ver isso. Não precisaria dizer uma palavra sobre a importância de valorizarem o que têm. Voltariam para casa mais agradecidos do que jamais se sentiram. Aposto que nenhum deles teria dificuldade alguma para passar um dia sem reclamar."

Alguns dos meus colegas professores passaram um ano ou mais trabalhando com os Corpos da Paz ou como missionários em países subdesenvolvidos. Sem exceção, todos dizem que estas foram as experiências com que mais aprenderam em toda a vida. Aprenderam a sentir a alegria de dar em vez de apenas receber ou consumir, e aprenderam a valorizar mais a abundância que predomina em suas próprias vidas. Alguns países exigem que os seus jovens dediquem algum tempo ao serviço militar. Gostaria que fizéssemos com que todos os nossos jovens se empenhassem durante pelo menos um ano em servir aos outros. Que maneira maravilhosa de ingressar na vida adulta! E que maneira fantástica de aprender a valorizar o que temos!

PENSE, MAS NÃO ESQUEÇA DE AGRADECER

Em muitas das igrejas inglesas da época de Cromwell, há duas palavras gravadas nos muros de pedra: *PENSE* e *AGRADEÇA*. Gostaria que tivéssemos essas duas palavras gravadas à nossa volta, nas nossas casas, carros, escolas e locais de trabalho, para refrescar nossa memória. Talvez elas nos ajudassem a lembrar daquilo que temos. É sobre isso que tratamos na primeira parte deste capítulo: *PENSE* sobre o que você tem e desenvolva uma atitude de gratidão.

A segunda parte é sobre o *AGRADEÇA*. Além de incentivar você fervorosamente a pensar com freqüência no que tem, com a mesma paixão eu lhe peço para usar a palavra mágica obrigado tantas vezes quantas puder. Tal como eu, são muitos os que acham que agradecer aos outros parece ser uma arte em extinção. Seja porque se eduque menos os sentimentos e as boas maneiras, seja porque muitas pessoas se julgam no direito de terem coisas e de serem servidas pelos outros, o fato é que já não ouvimos tanto essa palavrinha especial como acontecia em outros tempos. E, no entanto, manifestar nosso agradecimento aos outros é uma das mais elevadas expressões de respeito e cortesia. É também um dos recursos mais seguros para se construir e manter relacionamentos sólidos. William James disse: "O princípio mais profundo da natureza humana é o desejo de ser apreciado." E é tão fácil e gratificante satisfazer esta necessidade nos outros.

Entre as incontáveis dádivas que recebemos, as maiores são as pessoas que tornam nossas vidas mais ricas diariamente. Todos nós conhecemos pessoas que conseguem levantar nosso astral, nos ensinando alguma coisa, trazendo à tona o que existe de melhor em nós e simplesmente fazendo com que nos sintamos melhores. Por causa dessas pessoas, nós nos empenhamos mais a fundo, funcionamos melhor e vivemos uma vida mais plena. Nós obviamente somos gratos por isso. Mas expressamos nossa gratidão a elas?

Se lhe pedissem para fazer uma lista das pessoas de que mais gosta, não seria fácil escrever seus nomes? E se lhe perguntassem por que gosta delas, não seria da mesma forma bastante fácil escrever as razões ao lado de cada um dos nomes? Agora vamos a uma pergunta mais difícil. Você poderia escrever ao lado de cada nome da sua lista a última vez que expressou para essa pessoa a gratidão e o apreço que sente por ela? Por que não faz isso? Sente algum constrangimento? No entanto, com que facilidade reclamamos e expressamos raiva! Mas, quando se trata de manifestar nossa gratidão, ficamos com a língua presa. Isso também ocorre porque há em nós uma predominância de sentimentos negativos. Mas se você puder superar a falta de jeito inicial, conseguirá fazer com que duas pessoas se sintam muito bem: a pessoa a quem está agradecendo e você. A iniciativa proporciona uma dupla vitória.

Uma coisa é nos sentirmos gratos a uma pessoa. Outra completamente diferente é verbalizarmos nosso agradecimento. Você já reparou que normalmente só dizemos coisas boas a respeito de alguém quando a pessoa não está presente? Por que falamos às outras pessoas? Por que não falar diretamente àqueles a quem queremos agradecer? Por que desperdiçar esses sentimentos de gratidão? Quando alguém morre, todo mundo parece ter alguma coisa boa a dizer. Muitas vezes eu me pergunto se o morto teve oportunidade de ouvir esses elogios enquanto ainda estava vivo. Será que as pessoas têm de morrer para nos darmos conta de como elas eram especiais para nós? Precisamos expressar nossa gratidão com maior freqüência às pessoas que têm um papel especial em nossas vidas.

Também precisamos desenvolver o hábito de dizer obrigado a pessoas de fora do nosso círculo de amigos e familiares. Fico possesso ao ver como são tratados por muitos de seus clientes os que trabalham em postos de gasolina, lojas e hotéis. Ali estão eles, trabalhando para viver e nos ajudando, mas muitas vezes tratados como se fossem não-pessoas, completamente destituídos de sentimentos. E, no entanto, como é simples dizer "obrigado". Em questão de segundos podemos fazer alguém ganhar o dia simplesmente mostrando nossa gratidão. As pessoas têm realmente uma profunda necessidade de reconhecimento.

Acredito que nós também temos necessidade de *expressar* nosso reconhecimento. Minha mãe, provavelmente a pessoa mais agradecida do mundo, me ensinou que a gratidão não-expressa não pode ser chamada de gratidão. Esta foi uma das primeiras e mais preciosas lições que recebi. Minha mãe não me ensinou isso *dizendo*. Ela me ensinou fazendo. Não acho que ela tenha alguma vez deixado escapar uma oportunidade de mostrar-se agradecida. Ela sempre agradece pessoalmente, telefona para as pessoas e envia pequenos cartões para dizer "obrigada". Ela escreve até para mim dizendo "obrigada"! Minha adorável mãe tem a reputação de ser uma mulher gentil e bondosa. E uma das razões disso é que ela domina a arte de dizer "obrigada". Ela tem o dom de fazer as outras pessoas se sentirem reconhecidas.

Sentir-se agradecido e dizer obrigado são dois hábitos de pessoas que descobriram o que significa ser bem-sucedido na vida. Aprender a valorizar as coisas que temos e o que os outros fazem por nós é um dos mais importantes passos rumo à realização.

CINCO COISAS PELAS QUAIS DEVEMOS SER GRATOS

Meu objetivo ao ensinar algo sobre o sentimento de gratidão, tanto como atitude quanto como hábito, é ajudar as pessoas a serem mais conscientes e a valorizarem mais aquilo que têm. Ao mesmo tempo, sempre fico curioso para saber quais são as coisas pelas quais meus alunos se sentem mais agradecidos. Para isso, peço-lhes para listarem seus cinco itens mais importantes. Há um forte consenso, tanto entre os alunos de segundo grau quanto entre os adultos a quem dou aulas na universidade. Ainda que outras coisas apareçam nas listas, estes são os itens consensuais:

1. Pessoas especiais
2. Liberdade de escolha
3. Oportunidades ilimitadas
4. Educação e saber
5. Abundância geral e qualidade de vida

Não é uma lista de se jogar fora! Ela é um ótimo ponto de referência para que as pessoas se sintam mais agradecidas.

Não se trata de quanto temos, mas de quanto nós desfrutamos...
Charles Spurgeon

8

BOAS PESSOAS CONSTROEM SUAS VIDAS COM BASE NO RESPEITO

Trate as outras pessoas exatamente como gostaria de ser tratado...

Mateus 7:12

RESPEITO PELA VIDA

Um dos melhores seres humanos que já existiram nos deixou uma das maiores expressões já escritas. Seu nome era Albert Schweitzer, e a expressão resumia sua filosofia: "reverência pela vida". Infelizmente, Schweitzer não é tão conhecido como deveria. Ele está no mesmo nível de Sócrates, Buda, Lincoln, Gandhi e Madre Teresa. Na verdade, ele foi a Madre Teresa da sua época (1875-1965). Tal como ela, Schweitzer recebeu o Prêmio Nobel da Paz por seu trabalho humanitário. Ele foi também músico, filósofo, médico, missionário e teólogo.

Uma das coisas pelas quais Schweitzer batalhou por muitos anos foi a formulação de uma filosofia que captasse a essência e o significado da vida. Na sua autobiografia, ele contou a história de como realizou uma difícil viagem de 260 quilômetros ao longo de um rio da África num velho navio a vapor, em 1915: "Ao fim do terceiro dia, bem no momento em que, ao pôr-do-sol, abríamos caminho em meio a uma manada de hipopótamos, veio de repente à minha mente, sem que eu tivesse previsto ou procurado, a expressão 'Reverência pela Vida'." No dia seguinte, enquanto ainda estava no barco, sozinho e entregue aos seus pensamentos, Schweitzer definiu essa expressão: "Isso significa que a vida em si é sagrada, e que o nosso dever é tratá-la como algo precioso." Ele acreditava que muita gente passa pela vida sem nunca pensar em seu sentido e no seu valor. Ele encarava a vida como uma grande dádiva que precisa ser valorizada e respeitada. Assim, dizia, poderemos elevá-la ao seu verdadeiro valor.

Tomando como base tanto os escritos de Schweitzer como os de outros que estudaram suas idéias, a reverência pela vida pode ser mais bem resumida como um profundo amor e admiração por:

Deus e a natureza espiritual da humanidade
A própria vida
Outras pessoas e o desejo de servi-las
Todos os seres vivos
A beleza do mundo natural
Os mistérios da vida que jamais entenderemos
Honestidade e integridade em todas as coisas

A filosofia de Schweitzer – seu profundo respeito – representa a base sobre a qual as pessoas verdadeiramente boas constroem suas vidas. Elas aceitam e prezam a vida como a maravilhosa dádiva que a vida é. Consideram valiosos tanto o mundo como as pessoas com quem o compartilham. Quanto mais uma pessoa assume esta atitude, diz Schweitzer, a vida se torna "mais rica, mais bela e mais feliz. Ela deixa de ser uma existência sem objetivo para se transformar numa experiência cheia de sentido".

OS QUATRO PILARES DO RESPEITO

Antes de discutirmos estes quatro pilares, quero lembrar aos meus leitores algo de que já havia falado na introdução. Muito do que este livro contém é antigo. A idéia de respeito é antiga como a própria vida. Mas, assim como muitos outros, constato que essa idéia se deteriorou incrivelmente nos últimos vinte anos. Sociólogos nos dizem que isso ocorreu porque ficamos voltados demais para nós mesmos. Estamos ocupados com a nossa própria corrida, querendo a todo custo chegar em primeiro lugar. Não temos tempo para dar aos outros a consideração que antigamente era normal. Hoje, ela se tornou exceção. Ainda assim, respeito é a mais importante qualidade que um ser humano pode ter. E será sempre a fonte primeira de onde fluem todas as coisas boas.

No capítulo anterior, eu disse que *sentir* gratidão era uma coisa, e outra completamente diferente era *expressar* gratidão. O mesmo acontece com o respeito: manifestá-lo é a única prova de que o temos. Desde o início dos tempos, as pessoas mais bem-sucedidas do mundo têm mostrado seu respeito de quatro formas. Elas são os pilares de nossa reverência pela vida.

1. Boas maneiras

Sem boas maneiras a sociedade humana torna-se intolerável e inviável.

George Bernard Shaw

Chame do jeito que quiser – cortesia, respeito, polidez, gentileza, consideração, etiqueta, solicitude, afabilidade, etc. –, nossas formas de lidar com os outros são o que nós somos e sempre serão um fator-chave para determinar em que medida teremos sucesso. Tom Peters e Robert Waterman, em seu famoso livro *Em Busca da Excelência*, escrevem: "Trate as pessoas como adultos. Trate-as como parceiros; trate-as com dignidade; trate-as com respeito." É um ótimo conselho para o mundo dos negócios e é também um excelente conselho para o dia-a-dia de nossa vida. Na história do mundo, ninguém jamais errou por ser cortês.

No século 18, o estadista britânico Edmund Burke disse: "As boas maneiras são mais importantes do que as leis." Em outras palavras, se todos nós mostrássemos respeito e consideração pelos outros, não precisaríamos de leis para regular nosso comportamento. A vida fica melhor quando tratamos uns aos outros com respeito. Comentários mais recentes a respeito partiram de um especialista em relações públicas, Henry C. Rogers, em 1984. Ele diz: "Se as boas maneiras fossem um animal, este seria uma espécie em extinção."

Infelizmente, o comentário de Rogers parece verdadeiro. Ele se diz espantado por constatar que um grande número de pessoas não entende a importância de tratar os outros com respeito: "Simplesmente não consigo compreender por que todos não percebem que as boas maneiras são a chave mais importante para o sucesso." A verdade é que houve um declínio das boas maneiras nos últimos anos. Isso vale tanto para os adultos como para os jovens. De algum jeito, ser *in* tornou-se mais importante do que ser cortês. Gostemos de admitir ou não, o que tentamos *mesmo* é impressionar os outros. Mas o que muitas pessoas não reconhecem é que a melhor forma de deixar uma boa impressão nos outros é tratá-los como gostaríamos de ser tratados: com respeito e dignidade. O mundo torna-se um lugar melhor e nós nos tornamos pessoas melhores quando temos boas maneiras.

2. Linguagem

As palavras de um homem sempre vão expressar o que está guardado em seu coração.

Lucas 6:45

É impossível esconder quem somos. Nossas palavras acabarão revelando o que está guardado tanto em nossos corações como em nossas mentes. Ainda que nem sempre tenhamos consciência disso, revelamos algo sobre nós mesmos cada vez que abrimos nossas bocas. O sábio Salomão escreveu, séculos atrás, que das bocas das pessoas sábias saem apenas palavras bondosas e que os tolos se perdem pelos próprios lábios.

Mostraríamos mais sabedoria se ficássemos mais atentos ao que nossas palavras revelam a nosso respeito.

Quando dei cursos sobre comunicação, tanto no segundo grau como na faculdade, realizei com meus alunos uma atividade simples mas de grande impacto. Pedi ao grupo para identificar maneiras pelas quais nós nos comunicamos verbalmente, dividindo-as em positivas e negativas. Em geral, as listas acabavam ficando mais ou menos assim:

Positivo	*Negativo*
Elogiar	Humilhar
Cumprimentos sinceros	Palavrões
Encorajamento	Sarcasmo
Agradecer	Xingar
Verdade/honestidade	Rir *do* outro
Crença/confiança	Reclamar
Simpatia	Fofoca/boato
Humor/rir *com* o outro	Gritar
Aconselhar/orientar	Bajular
Dar boas notícias	Insultos raciais e sexuais
Cumprimentar	Mentir/manipular
Apoiar	Culpar

Então, fiz a seguinte pergunta: "Qual das duas maneiras vocês ouvem com maior freqüência?" Infelizmente a resposta foi a mesma em todas as turmas. Eles ouviam mais formas negativas do que positivas. A maioria admitiu que das suas próprias bocas também saíam mais coisas negativas do que positivas. Por quê? Pela mesma razão que nos leva a reclamar mais do que agradecer. Centramos nosso foco no lado errado da vida.

Levei muito tempo para perceber a importância de se empregar uma linguagem amável. Quando comecei a me esforçar para melhorar minha própria linguagem, fui percebendo que as pessoas que eu mais admirava usavam palavras positivas e agradáveis de se ouvir. As boas pessoas têm sensibilidade suficiente para escolherem com cuidado as palavras que empregam. O que sai das nossas bocas revela mesmo o que está guardado em nossos corações.

3. Respeitar as regras

> *Quando nós, como indivíduos, obedecemos às leis que nos levam a trabalhar pelo bem da comunidade como um todo, estamos ajudando indiretamente a busca pela felicidade de cada um de nossos irmãos seres humanos.*
>
> Aristóteles

Imagine, por um minuto, como seria um jogo de futebol se não existissem regras. Caos? Violência? Ou pior ainda, se houvesse regras mas apenas um dos times tivesse de obedecê-las? Como você se sentiria se o seu time estivesse respeitando as regras e o outro não? Você se sentiria injustiçado? Passado para trás? Claro que se sentiria. As regras e leis servem para estabelecer algum princípio de justiça. Sem elas nossa sociedade se tornaria caótica. Quando eu estava dando um curso sobre o governo americano, o livro didático que eu usava definia regras e leis como "regulamentos para as relações humanas". Esta é realmente a única razão para que elas existam – para nos ajudar a mostrar mais consideração uns pelos outros.

Há vários anos, depois que fiz uma palestra, uma mulher me disse: "Gostei de tudo o que você falou, exceto a parte sobre obedecer às regras." Perguntei qual era a sua objeção. A mulher disse que tínhamos regras demais e que elas acabavam nos reprimindo. Acrescentou que as regras nada tinham a ver com ter ou não sucesso. Perguntei se ela gostaria que eu seguisse as regras se estivéssemos jogando tênis um contra o outro. Perguntei também se, ao depositar seu dinheiro num banco, ela gostaria que os empregados do banco cumprissem as leis.

Perguntei ainda: se ela estivesse dirigindo seu carro, gostaria que os outros motoristas seguissem as normas de trânsito? Meu argumento era que obedecer às regras e leis da nossa sociedade significa simplesmente mostrar respeito e consideração pelos direitos dos outros. É uma forma de honestidade. Como chamamos aqueles que não jogam segundo as regras? Mentirosos, enganadores, ladrões, criminosos.

Ouço muito as pessoas dizerem: "Regras foram feitas para serem quebradas" e "Todo mundo faz isso". Correndo o risco de parecer um tanto puritano e simplório, não concordo com nenhuma dessas duas observações. Regras não foram feitas para serem quebradas; podem ser debatidas e discutidas, mas foram feitas para serem honradas. E não é *todo mundo* que rompe as regras; o que acontece é que aqueles que fazem isso ganham apenas mais notoriedade. O que importa não é tirar vantagem, mas a consideração que mostramos pelos outros. Obedecer às regras significa que queremos jogar limpo. Também quer dizer que nossa vida será mais simples e tranqüila. E, finalmente, tem a ver *sim* com o sucesso. As pessoas que têm sucesso na vida são as que sempre demonstram respeito pelos outros.

4. Valorizar as diferenças

A verdade nunca se tornará clara enquanto partirmos do pressuposto de que cada um de nós, individualmente, ocupa o centro do universo.

Thomas Merton

Há algum tempo ouvi um sermão sobre os perigos de julgar os outros. Fazia sentido, não apenas do ponto de vista espiritual, mas também do psicológico. Depois, eu me senti bastante culpado ao me lembrar de todas as vezes em que tinha julgado os outros ao longo das várias fases da minha vida. Então, me perguntei se isso era algo que eu ainda fazia, e me senti ainda pior porque a resposta foi SIM. A verdade é que a maior parte das pessoas *tem* esse impulso de julgar os outros. Desde que ouvi o sermão, tenho perguntado a literalmente centenas de pessoas, de todas as idades, dentro e fora das igrejas, se convivem com o problema de julgar as pessoas. Sem uma única exceção, todos deram a entender que era preciso empreender uma luta para evitar julgamentos. Alguns dos mais sábios me disseram que já não faziam isso com tanta freqüência, mas que ainda tinham que se esforçar para superar a tendência de julgar os outros.

Senti algum consolo ao saber que não era o único a lutar contra essa fraqueza, mas ainda assim não fiquei satisfeito. Lembrei que era um dos hábitos que Benjamin Franklin tinha conseguido mudar depois de dedicar-se ao auto-aprimoramento. Ele decidiu que iria procurar o bem que havia nos outros, em vez de buscar apenas os defeitos, e procurar dizer apenas coisas gentis a respeito das pessoas. Franklin relatou que essa mudança teve um efeito profundo sobre a sua vida. Ele passou a olhar as outras pessoas de forma positiva, o que melhorou muito seus relacionamentos. Ele atribuiu grande parte do seu sucesso como diplomata a essas características.

Por que a maior parte das pessoas julga as outras? A resposta é simples, ainda que não muito agradável de admitir. Todos nós somos muito centrados em nós mesmos. Projetamos nossos pensamentos e sentimentos na realidade externa e muitas vezes cometemos o erro de confundir a realidade com a percepção limitada que temos dela. A maior parte das vezes criticamos os outros porque eles fazem as coisas de um jeito diferente do nosso. O que estamos realmente querendo dizer é: "O que há de errado com você é que você não é como eu." Já ouvi pessoas descerem aos insultos mais rasteiros ao discutirem temas tão fúteis como bandas de rock ou times de futebol. "Como é que você pode gostar dessa banda?" é o que ambos estão pensando enquanto discutem. Em outras palavras, "só aquilo de que eu gosto é bom".

Superar uma perspectiva excessivamente autocentrada e abandonar a visão estreita com que encaramos a vida é um sinal de verdadeiro crescimento e maturidade. Quando fazemos isso, começamos a valorizar mais plenamente os outros. Não importa se estamos falando de crenças religiosas, posições políticas, idade, raça, cultura, atividades de lazer ou estilos de vida, precisamos compreender que todos nós temos duas coisas em comum. Somos o fruto de nossa herança genética e de nossas experiências. Ninguém leva a vida "certa". Quanto mais aprendermos a valorizar os que os outros têm de diferente e de singular, mais perto estaremos de desenvolver nossa própria reverência pela vida.

AS RECOMPENSAS DO RESPEITO

Quando éramos pequenos e ouvíamos a palavra *respeito*, o que nos davam a entender é que se tratava de algo que "devíamos" ou "tínhamos" de fazer. Éramos instruídos a praticar boas maneiras, a ser justos, a mostrar respeito pelos outros, especialmente pelos mais velhos. Por quê? Simplesmente porque nos diziam que era assim que se tinha de fazer ou porque levávamos um tapa na orelha se não o fizéssemos. Mostrar respeito era algo que se *tinha* de fazer.

O que desejo enfatizar não são as coisas horríveis que acontecerão com você se for rude e grosseiro, mas as grandes recompensas que terá se mostrar respeito. Estes são alguns dos resultados que obtemos quando tratamos os outros da maneira como gostaríamos de ser tratados:

Desenvolvemos hábitos e habilidades sociais que aumentam nossa eficiência.
Fazemos com que as outras pessoas se sintam bem.
Conquistamos o respeito dos outros.
Estabelecemos bons relacionamentos.

Somos mais bem tratados pelas outras pessoas.
Aumentamos nosso sentimento de auto-estima.
Construímos uma reputação sólida.

Uma frase famosa da Bíblia nos lembra que "colhemos o que plantamos". Mais do que qualquer outra coisa, o respeito faz com que tenhamos uma colheita abundante em nossas vidas. Aquilo que damos acaba encontrando um meio de voltar para nós. A Regra de Ouro – tratar os outros como gostaríamos de ser tratados – ainda vale ouro. Na verdade, é o melhor conselho no campo das relações humanas que já recebemos em nossas vidas. Boas pessoas constroem suas vidas tendo o respeito como base.

Nossas recompensas na vida serão sempre na exata proporção da consideração que mostramos pelos outros.

Conde de Nightingale

9

A HONESTIDADE AINDA É A MELHOR POLÍTICA

A honestidade é a melhor política na área das relações internacionais, das relações interpessoais, no trabalho, negócios, educação, família e controle do crime, porque a verdade é a única coisa que funciona e a única base sobre a qual podemos construir relacionamentos duradouros.

Ramsey Clark

O RESPEITO NA SUA FORMA MAIS ELEVADA

Este é o mais importante capítulo do livro. Você pode fazer muitas das coisas que sugeri aqui – ter uma atitude positiva, criar bons hábitos, rir, demonstrar gratidão, estabelecer metas, motivar-se, trabalhar duro, ter autodisciplina, usar o tempo de maneira inteligente, etc. –, mas nunca será realmente bem-sucedido se tudo que fizer não tiver como princípio a integridade e a honestidade. Você nunca terá paz de espírito e nunca terá sentimentos de auto-estima se o apreço à verdade não estiver profundamente enraizado no seu caráter. Se não aprender mais nada ao ler este livro, o meu desejo mais sincero e a minha prece mais fervorosa são para que você compreenda pelo menos esta grande verdade: a honestidade sempre foi, é e será a melhor política.

Não quero parecer um daqueles pregadores da era puritana ameaçando queimá-los no fogo do inferno se contarem uma mentira. Mas *quero* tentar convencê-los, com toda minha paixão, que a honestidade é o ingrediente mais essencial do verdadeiro sucesso. No capítulo anterior, disse que o respeito era a base sobre a qual as pessoas boas constroem suas vidas. A pedra angular, a primeira e mais indispensável peça dessa fundação é a honestidade. Ela é o respeito em sua forma mais elevada.

Por que me mostro tão exaltado a respeito da honestidade? Porque levei tempo demais para entender que a honestidade era o elemento que faltava na minha própria busca pelo sucesso e pela realização pessoal. Tinha todas as outras peças, mas não aquela da qual todas as outras dependem. Não era um mentiroso compulsivo, nem um corrupto, nem um ladrão; eu apenas não era honesto em tudo que fazia. Como muitos outros, minha atitude era justificada pelo argumento de que "todos os outros estão fazendo o mesmo". Então eu fazia também. De alguma forma, acreditava que ser um pouquinho desonesto não era nada demais. Mas, tal como os outros, eu estava me enganando. Fiz a lenta e dolorosa descoberta de que não existe isso de ser *um pouquinho* desonesto. Foi então que fiz a opção consciente de ser tão honrado quanto possível em todos os aspectos. Foi uma escolha que mudou minha vida inteira, uma decisão que gostaria de ter tomado muito antes. Mas pelo menos ainda tinha pela frente vários anos em que poderia experimentar toda a riqueza de uma vida honesta. Alguns nunca chegam a ter esse privilégio. E é por isso que, se pudesse transmitir um único ensinamento aos meus filhos e a outros jovens, seria este: se você quer ter sucesso de verdade na vida, a honestidade não é apenas a *melhor* política. É a *única* política.

O SIGNIFICADO DA INTEGRIDADE

A chave para nos tornarmos pessoas honestas está na compreensão do significado da integridade e sua relação com a honestidade. As duas palavras freqüentemente são usadas como sinônimos, mas *integridade* tem um sentido mais amplo. Em relação à natureza humana, integridade significa ser completo. Vem da palavra *integral*, que significa "inteiro, não-dividido". Ter integridade é ser uma pessoa completa – honesta e fiel a elevados padrões morais. Viver sem integridade é ser uma pessoa incompleta. A desonestidade retarda tanto o nosso desenvolvimento pessoal como o social. Ela nos impede de realizar mais plenamente o potencial que todos nós temos para levar nossas vidas com paz interior, sentimentos de auto-estima e relacionamentos saudáveis.

Schweitzer escreveu que não podemos ter "reverência pela vida" sem desenvolvermos um código pessoal de ética que inclua honestidade e confiança nas nossas relações com outras pessoas. Ele diz que só depois de desenvolvermos esse tipo de integridade podemos "nos sentir em casa neste mundo" e termos uma vida verdadeiramente plena nele. A honestidade, na visão de Schweitzer, é o elemento mais básico na personalidade das pessoas que têm um genuíno respeito pela vida.

POR QUE A HONESTIDADE É TÃO DIFÍCIL

Uma das pessoas mais honestas que já conheci me disse recentemente: "Todos os dias da minha vida eu luto comigo mesmo para ser honesto." Fiquei ao mesmo tempo curioso e surpreso com essa observação e terminamos tendo uma longa conversa a esse respeito. A conversa me fez compreender que todos nós acabamos envolvidos na batalha entre o certo e o errado, o bem e o mal. São forças da vida que estão ao nosso redor desde o início dos tempos e das quais é impossível escapar ficando numa posição intermediária. Este é exatamente o lugar onde fomos colocados e onde somos obrigados a fazer uma escolha entre essas forças todos os dias.

Infelizmente, estamos cercados por todos os tipos de desonestidade. Mais triste ainda é constatar que a prática de escapar impune virou quase um esporte. Conseguir cometer alguma "esperteza" é muitas vezes considerado uma façanha invejável, digna de se contar vantagem. Só os bobos e os azarados são pegos. O "todo mundo está fazendo" é ao mesmo tempo a convocação e a justificativa para este tipo de comportamento. Para reforçá-lo, há vários filmes e programas de TV que parecem glorificar a fraude e a trapaça. Eles literalmente as exaltam como se fossem artes das mais refinadas. Como se não bastasse tudo isso, o mundo da publicidade nos bombardeia diariamente com mensagens não muito sutis insinuando que, para causar boa impressão, deveríamos ser outra pessoa e não seguir nosso verdadeiro eu.

Uma outra razão pela qual todos nós lutamos para sermos honestos é que se trata de um trabalho duro. Exige mais tempo, pensamento e energia do que estamos dispostos a gastar. Todos os dias somos alvos de uma bateria de mensagens dizendo que merecemos as coisas, que deveríamos tê-las agora e que existe um modo rápido e fácil de obtê-las. Então, muitas vezes damos prioridade à rapidez, deixando em segundo plano a integridade. Por que se matar de trabalhar para fazer um trabalho de escola quando é mais fácil e rápido copiar o trabalho de alguém? Por que seguir todas as regras ao fazer uma operação comercial se com uma pequena mutreta aqui e ali pode-se fechar negócio mais rapidamente e ter um lucro ainda maior? Não apenas aderimos à mentalidade do "todo mundo está fazendo", como desenvolvemos uma filosofia de vida baseada nos atalhos. Sem sequer nos darmos conta, nós nos tornamos moralmente preguiçosos. Ser desonesto é mais fácil e mais rápido. Não é de se admirar que meu amigo e todos nós tenhamos de lutar tanto para nos manter honestos.

O CUSTO DA DESONESTIDADE

Na introdução, eu disse que este é um livro sobre o que as

pessoas têm de bom e sobre o seu potencial para terem vidas ricas e gratificantes. Na maior parte dos casos, tenho insistido mais nas recompensas que se recebe por fazer a coisa certa do que nos resultados negativos provocados pelo outro tipo de comportamento. No entanto, neste caso sinto a necessidade de explicar algumas das conseqüências de se fazer a coisa *errada*. Sinto que é necessário porque a maioria das pessoas não entende até que ponto a desonestidade é insidiosa. Durante muitos anos fui uma dessas pessoas e quero partilhar aqui o que aprendi sobre o poder destrutivo da desonestidade em nossas vidas.

Mais do que qualquer outra coisa, a desonestidade nos impede de ser as pessoas que queremos e podemos ser. É como um câncer. Começa pequeno, mas, se não for logo detectado e completamente erradicado, foge ao controle e finalmente acaba por nos destruir. Sim, tenho motivos para ser veemente a esse respeito. Já vi a desonestidade destruir mais vidas do que qualquer doença conhecida da humanidade.

O grande psicólogo e filósofo William James escreveu que nós criamos nosso próprio inferno neste mundo. Ele disse que fazemos isso "porque geralmente modelamos nosso caráter da maneira errada". Lewis Andrews, um psicólogo que reflete sobre as lições deixadas pelos grandes filósofos, concorda com James. Em seu livro *To Thine Own Self Be True* [Sê fiel ao seu próprio eu], ele explica sua teoria de que o comportamento desonesto estaria na raiz da maior parte dos nossos problemas psicológicos. Ele sugere que examinemos com atenção "a relação entre os valores de uma pessoa e a sua saúde". A desonestidade tem um preço. Eis alguns dos efeitos que ela pode vir a ter sobre nós:

A desonestidade é um círculo vicioso.

Um ato desonesto leva a outro. Raramente uma pessoa mente, engana ou rouba uma só vez. Se ela ganha alguma coisa com isso, a tentação para fazê-lo de novo é quase irresistível. E então surge a necessidade de apagar as provas, e um outro ato desonesto é cometido para conseguir isso. Se o processo continua, a desonestidade se torna quase um estilo de vida. Em outras palavras, um hábito – o pior de todos.

A desonestidade nos transforma em impostores e manipuladores. Nas famosas *Confissões* de Santo Agostinho, escritas há quase 1.600 anos, ele explica como foi galgando posições enganando e manipulando os outros. Certo dia, enquanto se preparava para ir a um lugar fazer um discurso que incluiria muitas mentiras, ele viu um mendigo. Ficou se perguntando por que se sentia tão insatisfeito e aquele homem que não tinha nada parecia tão alegre. Então compreendeu que o mendigo era autêntico, fiel a si mesmo, enquanto o grande estudioso Agostinho, não. Ele conta que aquilo o ajudou a se dar conta de como suas constantes falsidades tinham feito dele uma pessoa "deplorável". Se desempenhamos um papel durante muito tempo, acabamos nos confundindo com ele.

Com a desonestidade, acabamos por nos dar mal. Acredito firmemente que nós nunca "escapamos" completamente impunes dos nossos atos desonestos, ainda que às vezes pensemos ter escapado. Pode haver um certo número de ocasiões em que não somos pegos, mas em algum ponto do caminho acabamos pagando um preço, seja ele qual for. Os antigos chineses nos diziam que a vida tem um jeito de recuperar seu equilíbrio, e nos tempos modernos dizemos que "o que vai acaba algum dia voltando". E volta mesmo. A desonestidade é uma ruazinha sórdida e sombria que nos leva a um beco sem saída. Alguns demoram mais tempo do que os outros para descobrir o que ela lhes reserva.

A desonestidade não pode ser escondida. Não é verdade que geralmente percebemos quando alguém está mentindo para nós? As próprias pessoas acabam dando pistas. Suas palavras dizem uma coisa, mas seu corpo diz outra. E nós captamos esses sinais. O mesmo ocorre quando *nós* mentimos. Outras pessoas captam os mesmos sinais. Não estamos enganamos ninguém, a não ser nós mesmos. Estamos sendo guiados por nossas próprias mentiras. Neste processo, prejudicamos nossa reputação e destruímos nossa credibilidade.

A desonestidade destrói os relacionamentos.

Quando mentimos para alguém, tornamos mais difícil para essa pessoa acreditar em nós no futuro. Pontos de interrogação começam a aparecer sempre que afirmamos alguma coisa. Abusar da confiança de outra pessoa é o caminho certo para destruir um relacionamento. E é mais difícil recompor uma ligação do que construir uma nova. Sem confiança, bons relacionamentos são impossíveis.

A desonestidade ataca nosso sistema nervoso.

Citando novamente *To Thine Own Self Be True*, o Dr. Andrews diz que o engano e a fraude exercem um "poderoso efeito psicológico" sobre nós. Ele conta que o problema o atingiu em cheio quando um amigo a quem admirava o aconselhou a examinar o seu íntimo a próxima vez em que se visse tentado a mentir. Ele afirma: "a parte manipuladora que existe dentro de nós nesses momentos está literalmente atacando nosso centro vital". Ele também descreve uma pesquisa conduzida na Universidade Metodista do Sul que "encontrou indícios sugerindo que o esforço necessário para sustentar uma afirmação falsa submete o nosso sistema nervoso a um enorme estresse". Nós literalmente desencadeamos uma tempestade interior quando somos desonestos. Resumindo, nós punimos a nós mesmos.

A desonestidade impede que nos realizemos.

Uma das coisas mais recompensadoras em nossas vidas é

descobrir qual é nosso potencial para a realização pessoal e crescer a partir daí. Mas não é possível conseguir isso se adotamos hábitos desonestos. Eles se transformam em obstáculos ao nosso crescimento e desenvolvimento. Se somos egoístas e desonestos, nós nos privamos da sensação de sermos completos. Não poderemos nunca experimentar a satisfação de sermos autênticos seres humanos. Este é o pior castigo de todos.

SEIS RAZÕES PARA SERMOS HONESTOS

Além de precisarmos saber dos modos como a desonestidade pode destruir nossas vidas, também precisamos entender o que acontece quando nós a vencemos. Pessoas íntegras experimentam a vida num nível diferente. Ela se torna mais rica, tem mais sentido e é mais gratificante. Estas são algumas das maneiras pelas quais isso ocorre:

1. *Paz de espírito* – Se alguém me perguntasse o que eu faria de diferente se tivesse a oportunidade de recomeçar minha vida, eu responderia: seria honesto em tudo que fizesse. Às vezes olho para trás, para outros períodos da minha vida, com alguma vergonha e constrangimento por causa de certas coisas desonestas que falei e fiz. Levei tempo demais para constatar que a desonestidade é na verdade o egoísmo no seu pior aspecto. Quando finalmente percebi isso, foi incrível a mudança que se deu em mim. Desde que assumi o compromisso de ser honesto, experimentei uma paz interior que antes teria julgado impossível. A honestidade traz sua própria recompensa: uma mente em paz consigo mesma. Se não houvesse outras razões para sermos honestos, só essa já valeria a pena.

2. *Caráter e reputação* – Num trecho anterior deste livro, disse que os hábitos eram a chave para o sucesso. Eles são também os tijolos com os quais construímos nosso caráter e

nossa reputação, e nenhum hábito pode moldá-los tão bem quanto a honestidade. É uma das características humanas mais admiradas e que sempre transparece. Na verdade, ela brilha como uma dessas bóias luminosas que servem de guia para os homens do mar. As pessoas boas vivem sob a sua luz.

3. *Relacionamentos* – Se a desonestidade estraga relacionamentos, a honestidade os consolida. O ingrediente mais importante de um bom relacionamento é a confiança. Isso vale para todas as áreas da vida – amizade, casamento, família, negócios, educação ou religião. Honestidade e confiança criam um clima no qual bons relacionamentos podem crescer e se desenvolver.

4. *Totalidade* – O grande psicólogo Carl Gustav Jung disse que nosso anseio mais profundo é por "totalidade". Entendo totalidade como a realização do nosso potencial como seres humanos, a capacidade de nos tornarmos as pessoas que somos capazes de vir a ser. Até satisfazermos esse desejo, sempre sentiremos um certo vazio no cerne da nossa existência. O único modo de preencher esse vazio é com a nossa integridade. É ela que nos torna completos.

5. *Saúde física e mental* – Se a desonestidade está na raiz de muitos de nossos problemas psicológicos, a honestidade é uma fonte de saúde mental. Se a desonestidade ataca nosso sistema nervoso, então a honestidade deve fortalecê-lo. Quando somos honestos, nós nos libertamos da culpa, das preocupações e de outras formas de perturbação interior. Começamos a experimentar sentimentos de auto-estima e confiança.

6. *Ser autêntico*

> *Acima de tudo, sê fiel a seu próprio eu,*
> *E então, tão certo como o dia segue a noite,*
> *Não poderás ser falso com nenhum outro homem.*

Se Shakespeare não tivesse decidido ser escritor, certamente teria sido um dos maiores filósofos ou psicólogos da História. Foi sua aguda percepção do comportamento humano que deu tanto poder à sua obra. Nos famosos versos reproduzidos acima, ele está simplesmente nos dizendo para sermos autênticos, para sermos pessoas reais em vez das criaturas falsas que muitas vezes ficamos tentados a ser. A honestidade é uma opção. Quando fazemos esta opção e a transformamos em estilo de vida, começamos a entender o que significa ser uma pessoa autêntica. Nós nos tornamos a pessoa que nascemos para ser. É uma sensação extraordinária que nos enche de alegria, paz e respeito por nós mesmos. É isso que significa ser fiel a si mesmo. E como a autenticidade nos faz sentir tão bem, necessariamente seremos fiéis aos outros.

Disse no começo deste capítulo que ele era o mais importante do livro. Foi também o mais difícil de escrever. Quando se tem opiniões tão categóricas como as minhas sobre integridade, é praticamente impossível encontrar as palavras certas para descrevê-la. Só posso esperar que esta mensagem sobre honestidade tenha o mesmo impacto na vida de vocês que teve na minha. Precisamos ser honestos não por causa do que pode nos acontecer se não formos, mas por causa do que acontece dentro de nós quando somos honestos.

> *Há só um jeito de se lidar com a vida: é encontrar um sistema de valores que não dependa das tendências da moda (...), valores que nunca vão mudar e que sempre trarão bons frutos porque nos darão paz interior, saúde e autoconfiança, mesmo em um mundo marcado pela insegurança.*
>
> Dr. Thomas Hora

10

PALAVRAS AMÁVEIS NÃO CUSTAM NADA, MAS OBTÊM MUITO

Poucas coisas no mundo têm mais poder do que um empurrão positivo. Um sorriso. Uma palavra de otimismo e esperança. Um "Você vai conseguir" quando as coisas estão difíceis.

Richard M. DeVos

UMA HISTÓRIA DE DOIS AMIGOS

Quando comecei minha carreira como professor, aos 25 anos, um colega oito anos mais velho resolveu assumir o papel de meu protetor e conselheiro. Eu me senti honrado porque ele era um professor destacado e eu sabia que poderia aprender muito com ele. Este colega, com a maior gentileza, chamou minha atenção para as coisas que eu estava fazendo de errado e me transmitiu algumas das coisas de que os estudantes não gostavam em mim. Sempre dei o maior valor às suas críticas e me empenhei a fundo para melhorar naqueles aspectos. À medida que fomos ficando amigos, ele me deu, com a mesma delicadeza, conselhos sobre minha vida pessoal, mostrando-me também o que eu estava fazendo de errado. Novamente recebi muito bem as críticas dele. Era bom ter um amigo tão afetuosamente franco. Havia algumas áreas nas quais eu necessitava melhorar, tanto profissionalmente como pessoalmente, e fiquei feliz por ter alguém para me ajudar nisso. Sempre que pisava fora da linha – e isso ocorria com freqüência –, lá estava ele para me mostrar o que eu tinha feito. Às vezes eu ficava imaginando se algum dia chegaria a me tornar o professor ou a pessoa que queria ser. Mas pelo menos tinha alguém para me mostrar onde estava errando.

No sexto ano da minha carreira, Tim Hansel veio para nossa faculdade, transferido de uma outra escola. Desde o primeiro dia ficou óbvio que ele era imensamente popular com os estudantes. Ainda querendo aprender, procurei descobrir que mágica era essa. Como nós dois estávamos ensinando as mesmas duas matérias e trabalhávamos em parceria em uma delas, nosso contato era diário. Não demorei muito para descobrir por que Tim era tão eficiente e popular como professor. Ele parecia ter um talento todo especial para fazer vir à tona o que as pessoas tinham de melhor. Em vez de enfatizar os erros de seus alunos, valorizava o que tinham feito de correto ou o que *poderiam* fazer. Em cada uma de suas aulas, ele fazia sistematicamente três coisas: saudava os alunos à medida que entravam na sala, os elogiava pelos seus melhores trabalhos e constantemente os encorajava a dar o melhor de si.

Mas não parava por aí. Tim sempre tinha uma observação boa para fazer sobre mim. Ele chamou minha atenção para todas as coisas que eu vinha realizando corretamente. Disse que me admirava pela minha dedicação e que via como o trabalho duro que eu vinha desenvolvendo estava dando resultados. Freqüentemente ele me repetia como os estudantes gostavam de mim e quantas coisas eles estavam aprendendo por causa das minhas aulas. À medida que passamos a conviver fora da escola, Tim encontrou outras razões para me elogiar. O resultado de tudo isso foi que ele me ajudou a ver coisas que me tinham passado despercebidas: o que eu estava fazendo de certo, tanto como professor quanto como pessoa.

O que acabou acontecendo com essas duas amizades? Infelizmente, a primeira terminou depois de muitos anos. Digo *infelizmente* porque aquele amigo era uma pessoa pela qual eu tinha a maior admiração. Ele fez uma carreira brilhante como professor e é um homem íntegro. A maior parte das críticas que me fez era válida e aprendi muito com ele. Mas uma das razões que levaram nossa amizade a terminar foi o fato de essas críticas serem tão constantes. Nunca eram equilibradas com algum tipo de elogio, e acabaram por me cansar. A amizade com Tim continua a florescer depois de trinta anos. Na verdade, ela se torna mais rica à medida que envelhecemos. Ainda posso contar com Tim para levantar meu ânimo, esteja ou não precisando de ajuda no momento. Ele ainda me faz lembrar do que há de bom no mundo e do que existe de bom em mim. Conheci poucas pessoas que tivessem um efeito tão positivo sobre a minha vida. Ele ainda conserva esse talento para despertar o que existe de melhor nas outras pessoas. E, para minha sorte, eu me incluo entre elas.

A MELHOR DE TODAS AS HABILIDADES

Tim acabou dominando uma habilidade fundamental – a de reconhecer as pessoas, ajudando-as a se afirmarem. Acredito que *reconhecimento* e *afirmação* são palavras poderosas. Significam procurar e encontrar o que as pessoas têm de bom. Significam estimular a autoconfiança e a coragem nos outros. Significam encontrar motivos para elogiar e aplaudir. Significam nutrir e dar apoio. Significam reforçar aquilo que os outros fazem bem. Acima de tudo, significam dar às pessoas razões para comemorar.

No início deste capítulo, citei Richard DeVos, o entusiástico fundador da empresa Amway. Ele diz que poucas coisas são tão poderosas como um "empurrão positivo". Adoro esta expressão! E concordo que existem poucas coisas na vida com tamanho poder para disseminar o bem. Quando fazemos bem alguma coisa e somos reconhecidos por isso, nos sentimos estimulados a fazer ainda melhor da próxima vez. Elogios sinceros despertam o que existe de melhor em nós.

Triste é perceber que tanta gente ainda não entende quantas coisas boas podem ser realizadas quando reconhecemos o que há de bom nas pessoas e as ajudamos a se afirmarem.

Infelizmente, na maioria das vezes, em vez de empurrões positivos, recebemos encontrões negativos. Isso acontece porque vivemos numa sociedade que parece determinada a centrar seu foco no que está errado e não no que está certo. Há mais de cinqüenta anos, Dale Carnegie disse: "Qualquer tolo pode criticar, condenar e reclamar – e a maior parte dos tolos faz isso." É uma pena que esta observação ainda soe verdadeira hoje em dia.

Mas lembre-se de que lá atrás, no capítulo 5, eu exortei você a pensar com a sua própria cabeça e a não se deixar espremer pelo mundo num molde que você não escolheu. E que no capítulo 6 eu disse que podemos criar novos hábitos. Podemos nos treinar para procurar nos outros o que eles têm de bom, encontrando assim motivos para elogiá-los. Ao fazer isso, promovemos uma dessas raras situações em que todos saem ganhando porque, ao fazer outra pessoa sentir-se melhor, fazemos bem a nós mesmos. Como disse Charles Filmore: "Nós melhoramos tudo o que elogiamos. A criação inteira responde a um elogio e fica mais feliz." Ajudar os outros a se afirmarem é a habilidade mais preciosa que alguém pode ter. É fácil, é divertido e dá resultados fantásticos! E quanto mais fazemos isso, melhor nós o fazemos.

LIÇÕES DE LINCOLN E FRANKLIN

Quando estudava história na faculdade, li biografias de americanos famosos. Essas leituras terminaram sendo a experiência mais valiosa para o meu aprendizado nos muitos anos de estudante. Estudar a vida de grandes personagens era a melhor maneira de aprender história e mostrou ser útil mais tarde, quando comecei a estudar a psicologia do sucesso. Na verdade, foi o fato de ler essas biografias que despertou meu interesse pela psicologia. Nada nos ajuda mais a entender o significado do sucesso como ler sobre as pessoas que realizaram tanto em suas vidas.

Dois desses personagens famosos foram Abraham Lincoln e Benjamin Franklin. Um ficou conhecido principalmente como um grande presidente que pôs fim à escravidão. O outro era um ilustre estudioso, inventor e estadista. Mas o que me interessava mais não eram as razões da sua fama, mas como esses homens tornaram-se especialistas em matéria de relações humanas e na arte de ajudar os outros a se afirmarem. A melhor característica de ambos era a capacidade de se dar bem com todos os tipos de pessoas e ressaltar o que havia de melhor nelas. Na realidade, foi essa habilidade, mais do que qualquer outra, a responsável pelo fato de os dois terem sido bem-sucedidos.

Meu professor de história favorito na faculdade simplesmente adorava Abraham Lincoln e parecia saber tudo sobre ele. O nome deste professor calhou de ser Dr. Ashbrook Lincoln, e, é claro, ele assinava "A. Lincoln". Numa série de palestras sobre a personalidade de Lincoln e o que ele tinha de genial, o professor disse que a grandeza de Lincoln estava em sua habilidade para lidar com os outros. Fiquei fascinado com a descrição das diferentes pessoas que cercavam o presidente na Casa Branca. Elas tinham algo em comum: um enorme talento e um ego que as fazia acreditar que eram superiores ao presidente. Mas, em vez de se livrar delas, Lincoln as prestigiou, elogiando sua capacidade, pedindo seus conselhos e encorajando-as a colocar seu talento e sua energia a serviço do país. No final, todos saíram dessa experiência como vencedores.

Franklin costuma ser descrito como um diplomata nato, um homem que já nasceu com uma personalidade agradável. Mas isso está longe de ser verdade. Franklin, ele mesmo reconhece, tinha uma série de defeitos. Foi preciso grande esforço e dedicação para aperfeiçoar suas habilidades na área das relações humanas e desenvolver um talento que o acabou levando às grandes realizações no campo diplomático. Em sua autobiografia, Franklin conta como foi difícil superar sua tendência natural para julgar e criticar os outros. Ele considerou essa tentativa de aprimoramento "um projeto árduo e ousado". Mas seu plano funcionou, e ele acabou criando novos hábitos. Franklin se treinou para buscar sempre as características positivas dos outros e então falar "tudo de bom que sabia a respeito de todo mundo".

Lincoln e Franklin descobriram uma das chaves para o sucesso na vida: ajudar as pessoas a se afirmarem. Eles compreenderam a grande força do princípio da dupla vitória e se empenharam para ajudar a vir à tona o que os outros tinham de melhor. Ao elevar as pessoas, eles mesmos se elevaram a posições honradas na História.

O QUE EU TENHO DE BOM

Quando dei cursos de psicologia, fazíamos um exercício para ajudar as pessoas a se afirmarem. Era uma atividade simples, mas ainda assim uma das técnicas de ensino mais eficientes que já usei. Arrumávamos as carteiras em semicírculo em torno de uma única cadeira na qual se sentava um estudante de cada vez. Na primeira parte do exercício, aquele que estava na cadeira tinha de dizer aos outros "O que eu tenho de bom". Naturalmente, não era fácil, mas era um momento importante da parte do curso sobre afirmação. Queria que os meus alunos também fossem capazes de *se* afirmar – de reconhecer seus hábitos e características positivas. Em geral, levavam apenas dois minutos nessa primeira parte. Para eles, o mais difícil era dizer aos outros o que gostavam em si mesmos. Na segunda parte, os alunos formados no semicírculo diziam a quem estava no centro aquilo que ele ou ela tinha deixado de fora. A única regra é que os comentários não podiam abordar coisas como aparência ou roupas. A pessoa no centro da roda ouvia os cumprimentos e elogios durante vários minutos.

Seria muito pouco dizer que esse exercício tinha um resultado positivo. Ele exercia um forte efeito sobre cada aluno naquela sala. Quando discutíamos a atividade no dia seguinte, os alunos ainda pareciam embevecidos com a experiência. Eles contavam como tinham se sentido ótimos, não apenas ao se ouvirem falar bem de si mesmos, mas também ao ouvirem os outros apontarem seus aspectos positivos. Isso os encorajou a reforçar seus pontos fortes e aumentou sua auto-estima e confiança. Pedi que escrevessem o que tinham aprendido naquela unidade do curso dedicada à afirmação em geral, e sobre aquele exercício em particular. Ao longo dos anos, recebi centenas de respostas incríveis. As mais freqüentes foram as seguintes:

- As pessoas têm muito mais coisas boas do que ruins.
- Temos de criar o hábito de procurar o que as pessoas têm de bom.
- Ajudar as pessoas a se erguer é melhor do que derrubá-las.
- Nada é tão bom como ouvir um elogio sincero da parte dos outros.
- Todos nós precisamos de reconhecimento e de encorajamento.
- Fazer os outros se sentirem bem também nos faz bem.
- A afirmação revela o que as pessoas têm de melhor – todo mundo sai ganhando!

Não encontro uma maneira mais apropriada de encerrar este capítulo. Com uma palavra de encorajamento vamos longe – muito mais longe do que você jamais sonhou ser possível.

11

A VERDADEIRA MOTIVAÇÃO VEM DE DENTRO

Não importa quem você é ou qual a sua idade. Se quer obter sucesso sólido e permanente, a motivação que o levará até essa meta vem de dentro.

Paul J. Meyer

O QUE É MOTIVAÇÃO, E DE ONDE ELA VEM?

Sou muito solicitado a fazer palestras sobre motivação para educadores, pais, estudantes, profissionais, etc. Costumo aceitar esses convites, mas só depois de esclarecer um ponto importante com os promotores do evento. Explico que na verdade não faço palestras de motivação, porque não acredito nelas. Sei que uma porção de gurus da área de motivação poderá não concordar comigo, mas não acredito que uma pessoa possa *dar* motivação a outra. O que acredito é que uma pessoa pode *ajudar* outra a entender o que é motivação e de onde ela vem. Também acho que uma pessoa pode ensinar a outra os ingredientes-chave da *automotivação*, a única que existe. Mais importante ainda, acredito que uma pessoa pode ajudar outra a permanecer motivada, dando-lhe o encorajamento necessário, exatamente como fazia o amigo de que falei no capítulo anterior. Na condição de professor, conferencista e escritor, são estas as três coisas que tento fazer.

Motivação é um conceito que provoca mal-entendidos. Muita gente, quando ouve a palavra, pensa em técnicos de futebol dizendo à sua equipe que "a vontade de vencer é tudo". Mas isso não é motivação. É uma estimulação temporária que funciona bem no esporte e em outras áreas que exijam súbitos rompantes de energia, mas não funciona no dia-a-dia. A não ser, é claro, que você tenha alguém para andar ao seu lado o tempo todo gritando: "Vamos, vamos! Vença, vença!"

É por isso que não acredito em palestras e discursos de motivação. Talvez eu não seja do tipo "Vamos lá, pessoal!", mas essa abordagem sempre me pareceu um tanto efêmera e superficial. Pode ser divertida e mexer com nossas emoções, mas a motivação costuma deixar a sala junto com o palestrante. Isso também vale para quem escreve. Não acredito nessas promessas desvairadas como "você pode conseguir tudo". Acho que as pessoas querem e precisam de algo que tenha maior profundidade e mais sinceridade. Querem algo que dure mais tempo e que as ajude a lidar com a vida do jeito que ela é realmente. Então, em vez de tentar motivar as pessoas, tento ensinar a elas alguma coisa *sobre* motivação e como elas mesmas podem se motivar.

Há várias teorias sobre motivação. Psicólogos nunca chegaram a um acordo sobre por que algumas pessoas conseguem se motivar e outras não. Mas nós não precisamos nos preocupar com todos os mistérios que envolvem a motivação. Só precisamos saber duas coisas sobre ela. A primeira está no capítulo 1, onde escrevi que as pessoas que têm sucesso aceitam a responsabilidade sobre suas vidas. Isso significa que elas não esperam que alguma outra pessoa venha motivá-las – elas mesmas fazem isso. A segunda coisa que precisamos compreender é a origem da palavra *motivação*. Vem de *motivo*, que o dicionário define como "aquilo que, vindo mais de dentro de um indivíduo do que de fora dele, o leva a agir". Em outras palavras, todas as nossas ações têm motivos ou razões. Eles vêm de necessidades que sentimos no nosso íntimo. E só nós mesmos podemos satisfazê-las.

No entanto, vivemos numa sociedade que tenta nos convencer justamente do contrário. É como se houvesse alguém a postos com uma mensagem inspiradora nos dizendo o que precisamos ter ou fazer. Mas este tipo de estímulo é ao mesmo tempo externo, temporário e, na maioria dos casos, uma impostura. Não se trata realmente de motivação, porque não vem de dentro de nós. Lembram do capítulo 5, quando falei que precisamos pensar por conta própria? Bem, uma parte importante do que pensamos inclui a motivação. Quando ela vem de dentro e tem raízes profundas, é capaz de nos levar a realizações que superam qualquer coisa que possamos imaginar.

AS TRÊS CHAVES PARA NOS MOTIVARMOS

Pense por um momento numa importante meta que você tenha se proposto – alguma coisa que você queira muito realizar na vida. Cheque agora como anda sua motivação respondendo a essas três perguntas:

- Você deseja intensamente alcançar essa meta?
- Você acredita realmente que pode alcançá-la?
- Consegue se ver mentalmente realizando esse objetivo?

Se sua resposta a essas três perguntas foi um SIM cheio de confiança, então você tem condições de realizar essa meta. Porque estes são os pontos-chave para se automotivar.

1. Desejo

A motivação começa com o desejo... Quando você quer algo, você se motiva para conseguir aquilo.

Denis Waitley

O desejo é a semente da qual florescem todas as nossas realizações. Mais do que qualquer outra característica, ele determina se teremos um desempenho medíocre ou se alcançaremos o sucesso na vida. É o desejo, e não a capacidade, que separa as pessoas que ficam na média daquelas que realmente se sobressaem. Esse algo mais torna possível que pessoas comuns realizem coisas incomuns. Adoro a antiga expressão "desejo ardente", porque ela descreve muito bem do que se trata. É quase impossível deter as pessoas dominadas por esse tipo de desejo. Quanto mais forte é a chama que arde, maior é a determinação e mais provável é o sucesso.

Um bom exemplo disso foi Barbara, uma mulher que freqüentou uma das minhas turmas. Como muitos dos que participam do curso, ela voltou à faculdade depois de uma longa ausência. Na casa dos quarenta anos, ela queria concluir o curso que tinha começado aos dezoito. No princípio ela se mostrava um pouco intimidada, o que era compreensível. Eu me lembro de ouvi-la dizer que tudo que queria era se formar e que ficaria mais do que feliz se obtivesse uma nota B. Depois de apenas uma semana, percebi que uma verdadeira paixão ardia dentro dela, um desejo não apenas de aprender, mas de se destacar. Seus primeiros trabalhos eram tão excepcionais que fiz uma sugestão: talvez ela quisesse colocar suas ambições num patamar um pouco mais alto. Barbara sorriu radiante ao ouvir isso! Ela continuou a produzir trabalhos da mais alta qualidade. Eu me lembro de ter escrito numa de suas dissertações: "Você está a mil por hora! É um enorme prazer participar do seu esforço para aprender." O desejo dela ardia realmente, e Barbara elevou sua meta para uma nota A e um mestrado, conseguindo atingir os dois objetivos.

Um importante aspecto do desejo é o compromisso – uma promessa feita exclusivamente a nós mesmos. É ele que nos faz ir em frente quando as coisas ficam difíceis. Em vez de desistir diante da adversidade ou da derrota, nós reagimos. A famosa psicóloga Joyce Brothers considera o compromisso a qualidade central do sucesso. Ela diz: "O compromisso integral é o denominador comum entre os homens e as mulheres de sucesso." Esse tipo de desejo tem a capacidade de nos fortalecer. Ele nos ajuda a fazer sacrifícios quando necessário e a realizar um esforço extra para levar até o fim a realização de nossos objetivos. O desejo é uma poderosa força interior – um dos ingredientes fundamentais do sucesso.

2. Crença

Suas chances de sucesso em qualquer empreendimento sempre podem ser medidas por sua crença em você mesmo.

Robert Collier

Há vários anos descobri que uma grande porcentagem de meus alunos sofria de uma doença. Ela os impedia de viver como os seres humanos foram concebidos para viver. Era ao mesmo tempo mortal e altamente contagiosa, pois tinha se espalhado pela escola inteira. Uma das coisas mais estranhas a seu respeito é que quase ninguém sabia que estava sofrendo dessa doença. Na verdade, ela nem mesmo tinha um nome. Então, eu a batizei. Disse a meus alunos que havia uma epidemia de *depempofa* se alastrando pela escola. Todos reagiram com olhares perplexos e um coro de "Hum?".

Contei a eles que *depempofa* significava "desculpas para eu não poder fazer". Mais olhares perplexos. Desenrolei quase dois metros de papel e preguei na parede perto da porta. Então eu disse: "Cada vez que vocês se pegarem arrumando uma desculpa para deixar de fazer alguma coisa ou ouvirem alguém arrumando uma desculpa, quero que tomem nota. Amanhã, quando vierem aqui, escrevam todas as suas desculpas neste papel que chamaremos de Lista Mestra das Desculpas." Na manhã seguinte, a lista foi preenchida tão rapidamente que tivemos de arrumar outro rolo ainda mais longo. Quando a semana já estava chegando ao fim, tínhamos uma parede inteira coberta com desculpas. Perguntei se alguém era capaz de explicar por que eu achava que este hábito era uma doença. O garoto mais calado da turma levantou a mão pela primeira vez no semestre inteiro e disse: "Se estamos sempre procurando desculpas para explicar por que *não podemos* fazer as coisas, nunca conseguiremos achar as razões pelas quais *podemos* fazer as coisas." Levantei os braços e exclamei: "Aleluia! São as palavras mais bem-vindas que já ouvi."

É absolutamente necessário procurar mais as razões pelas quais *podemos* do que aquelas pelas quais *não podemos* fazer as coisas. As únicas limitações que temos pela frente são as colocadas diante de nós primeiro pelos outros, depois por nós mesmos. Elas existem porque acreditamos nelas, e não vão desaparecer até que as troquemos por um novo conjunto de crenças. A maior parte das pessoas não sabe até que ponto são boas e o quanto podem realizar em suas vidas. Precisamos entender que somos mais capazes do que pensamos. Temos recursos interiores que jamais usamos. O primeiro passo para canalizar todo esse potencial é aumentar a crença em nós mesmos, ainda que seja apenas para tentarmos e nos arriscarmos a fracassar. No final, veremos que o esforço valeu a pena. Cada pequena realização vai aumentando nossa autoconfiança. Esta, por sua vez, acaba trazendo mais sucesso. À medida que o hábito de pensar de forma construtiva vai se afirmando, um novo ciclo é posto em movimento. Acreditamos em nós mesmos e começamos a procurar as razões pelas quais *podemos* fazer as coisas.

Richard DeVos, homem de negócios bem-sucedido e autor de *Believe!* [Acredite!], diz que freqüentemente lhe fazem perguntas sobre os segredos por trás da motivação. Mas ele garante não saber nada sobre motivação e não ter segredos, truques ou artifícios. Ele diz que a coisa mais valiosa que já aprendeu é que a maior parte das pessoas é capaz de realizar qualquer coisa que acredite estar ao seu alcance: “Mais do que qualquer outra lição, minhas experiências me mostraram o valor de um esforço consciente e determinado... Acredite que pode fazer algo e vai descobrir que pode! Tente! Você ficará surpreso ao descobrir quantas coisas boas podem acontecer.”

Coisas boas acontecem porque, quando acreditamos, fazemos com que elas aconteçam.

3. Um quadro mental

Primeiro você precisa ver com clareza algo na sua mente antes de poder fazê-la.

Alex Morrison

No início dos anos 30, um engenheiro chamado Joseph Strauss costumava ir freqüentemente a um determinado local em São Francisco de onde se podia avistar a entrada da baía. Na sua mente, ele formou um quadro com uma magnífica ponte unindo os dois lados. Quanto mais ele pensava nisso, mais claro o quadro se tornava. Em 2002, comemoramos o 65º aniversário do seu sonho, a ponte de Golden Gate.

Em 1961, o presidente Kennedy disse que deveríamos estabelecer como objetivo até o final da década colocar um homem na Lua e trazê-lo de volta, são e salvo. Milhões de pessoas pensavam que isso era impossível, mas um grupo de trabalhadores na NASA já tinha em sua mente um quadro mental claro mostrando esse acontecimento. A cena em que Neil Armstrong anda na Lua e volta à Terra em 1969 já tinha sido vista por eles milhares de vezes.

Quando Bill Gates era apenas um estudante em Harvard, o computador pessoal estava num estágio bastante inicial de desenvolvimento. A maior parte das pessoas o via como uma máquina que poderia ser usada para armazenar grandes quantidades de informação ou como um processador de texto. Gates vislumbrou outras possibilidades. Ele teve a visão de muitas das coisas que fazemos com nossos computadores hoje. Ele não apenas pensou nessas possibilidades como começou a visualizar o software que iria revolucionar o modo como vivíamos. Os quadros que formava na sua mente se transformavam em desenhos sobre o papel. Conhecemos o resto da história.

O golfista americano Tiger Woods é um dos muitos atletas de nível internacional que formam um quadro mental nítido ao se prepararem para competições. Ele explica algumas das técnicas que desenvolveu em seu livro *How I Play Golf* [Como eu jogo golfe]. Antes do Torneio Master, ele assiste a vídeos de si mesmo e de outros esportistas jogando. Isso o ajuda tanto a "ver" como a "sentir" o campo de golfe antes mesmo de chegar em Augusta, onde o torneio é disputado. Ele também afirma que "a lembrança instantânea de lances bem-sucedidos do passado" o ajuda a se preparar para uma determinada tacada. No olho da sua mente, ele se vê acertando e tendo sucesso, antes de isso acontecer fisicamente.

A técnica empregada nesses quatro exemplos é conhecida por diferentes nomes: visualização, ensaio mental, imagem guiada. Eu a chamo de quadro mental. Tenha sempre consciência de que nós não pensamos com palavras; pensamos com imagens. Quanto maiores a freqüência e a clareza com que nós nos vemos fazendo alguma coisa, mais provável é que realmente a façamos. Tudo começa na mente. Nossas imagens são grandes motivadoras.

O Dr. Charles Garfield, um psicólogo da Universidade da Califórnia, se especializou em estudar os hábitos dos autores de grandes realizações na ciência, nos negócios, na indústria e no atletismo. Garfield diz que eles "possuem uma capacidade altamente desenvolvida para fixar em suas mentes imagens de ações bem-sucedidas. Praticam mentalmente habilidades e comportamentos específicos que os conduzem aos resultados e realizações que acabam concretizando". Segundo o psicólogo, "todos afirmam que o potencial para grandes progressos em termos de realizações e auto-aprimoramento existe em todas as pessoas, e que o ponto de partida é uma decisão interior de se destacar, de ir além".

Se você possui um desejo ardente, uma crença sólida e um claro quadro mental, tem toda a motivação de que vai precisar na vida.

Motivação é um impulso interior.

Denis Waitley

12

METAS SÃO SONHOS COM PRAZOS DETERMINADOS

Pessoas que têm metas alcançam o sucesso porque sabem aonde estão indo.

Conde de Nightingale

MOTIVAÇÃO E METAS: UMA PARCERIA PODEROSA

Há uma boa razão para que o capítulo sobre metas venha logo depois do capítulo sobre motivação. Quando motivação e metas se unem, elas são não apenas a maior fonte de força humana, mas a própria raiz de todo sucesso. Quando combinamos as duas, não existe praticamente nada que possa nos deter. Todas as realizações, não importa se grandes ou pequenas, dão sua partida como metas e usam a motivação como combustível.

No capítulo anterior, eu disse que muitas vezes me pedem para dar palestras sobre motivação. Apesar de não acreditar nelas, eu *aceito* a maior parte dos convites. Isso parece uma contradição? Não é. Em vez de tentar motivar as pessoas, falo na importância da automotivação e explico os papéis desempenhados pelo desejo, pela crença e pelo quadro mental. Então falo do meu assunto favorito: metas. Não há nada de que eu goste mais de falar, escrever ou ensinar. As metas não apenas abrangem toda a nossa vida, mas são também os mais eficientes fatores de automotivação que podemos ter. As metas que estabelecemos e a profundidade da nossa motivação vão determinar, mais do que qualquer outra coisa, o que faremos de nossas vidas.

POR QUE AS METAS SÃO TÃO IMPORTANTES

Há muitas maneiras de se definir o sucesso. A melhor definição que já vi é a seguinte: *O sucesso é a realização progressiva de metas dignas de nosso esforço.*

Se há uma coisa a respeito da qual todos os especialistas em desempenho concordam é a importância de se estabelecer metas. O sucesso não acontece por acaso. Acontece devido a um propósito. Charles Garfield, o psicólogo citado no capítulo anterior, trabalhou com astronautas, atletas profissionais, cientistas, inventores, líderes do mundo dos negócios e outros grandes realizadores. Ele acredita que todo tipo de sucesso "começa com uma missão": uma meta específica acompanhada por um forte desejo. As metas têm sido o ponto de partida para cada avanço na história da humanidade. O processo é sempre o mesmo: um sonho se transforma numa meta, a meta se torna uma realização. Ou, nas palavras de Napoleon Hill: "O que a mente do homem pode conceber e acreditar, ela pode realizar."

Viver sem metas é como partir em viagem sem ter um destino. Se você não sabe aonde está indo, provavelmente vai acabar em lugar nenhum, e para chegar lá qualquer caminho serve. Apesar de muitas vezes terem excelentes oportunidades, é aí que terminam milhões de pessoas: em lugar nenhum. E ainda assim elas não parecem entender por quê. De modo trágico, vejo muitos jovens caminharem para o mesmo fim. É trágico porque não precisava ser assim. Há algo relativamente simples que pode mudar o curso de qualquer vida, a despeito da idade e das circunstâncias. Este algo é um conjunto de metas claramente definidas.

Infelizmente, não aprendemos nada sobre metas nas salas de aula. Por melhor que seja o sistema educacional, ele apresenta algumas deficiências em áreas vitais. É por isso que eu disse na introdução que na escola não ensinamos como "a vida funciona" ou "o que é essencial". Definir metas é uma dessas coisas essenciais. Espero que este capítulo venha a preencher uma das lacunas da nossa educação. Ao longo dos últimos vinte anos, vi várias vidas (inclusive a minha) mudarem drasticamente por causa das metas. É quase inacreditável o que as pessoas podem fazer quando descobrem o que são as metas, as vantagens de defini-las e como atingi-las.

AS VANTAGENS DE SE ESTABELECER METAS

Ter metas a alcançar pode tornar nossas vidas mais ricas em vários aspectos:

- *Motivação* – Metas são os primeiros tijolos com que construímos nossa motivação. Elas nos dão uma razão para nos levantarmos e irmos em frente.
- *Independência* – Metas nos ajudam a tomar conta de nossas próprias vidas. Em vez de seguir a multidão ou ficar vagando sem destino pela vida, escolhemos nosso próprio caminho, aquele que leva à realização de nossas ambições.
- *Direção* – Metas nos dão um destino. Temos uma chance maior de chegar a algum lugar se sabemos para onde estamos indo.
- *Sentido* – Metas nos dão o sentido de um propósito, de um objetivo. A vida faz mais sentido quando temos clareza sobre o que queremos. Em vez de simplesmente *existirmos* de um dia para o dia seguinte, nossas metas nos dão motivos para começarmos realmente a viver.
- *Prazer* – Metas são o antídoto para o mais terrível dos males sociais: o tédio. Como sentir tédio quando temos coisas estimulantes a serem feitas? As metas tornam nossas vidas mais divertidas, mais interessantes, e colocam diante delas mais desafios.
- *Realização* – Metas, mais do qualquer outra coisa, nos

ajudam a realizar nosso potencial. Definir metas nos ajuda a ver o que é possível ser feito. Cada passo bem-sucedido na direção de nossas metas consolida nossa confiança. Cada meta atingida nos ajuda a ver mais coisas que são possíveis e nos leva a novas metas e novas realizações.

QUANDO UM SONHO SE TORNA UMA META

Na faculdade, dei um curso sobre mudança e planejamento organizacionais que incluía uma parte sobre a definição de metas nas empresas. Como queria que meus alunos também levassem em conta o planejamento e a mudança no plano pessoal, dediquei parte das aulas ao estabelecimento de metas individuais. Passei um dever de casa simples: escrever dez metas a serem alcançadas em suas vidas. Na aula seguinte, pedi a cada estudante que nos contasse uma delas. Diane, uma mulher maravilhosa e entusiasmada de cerca de quarenta anos, foi a primeira. Ela disse: "Sempre sonhei em viver na Europa algum dia." Eu disse: "Isso é ótimo e é quase uma meta. Podemos transformá-la em uma meta fazendo uma ou duas coisas simples." Recebi alguns olhares perplexos e a pergunta que eu já esperava: "Por que não é uma meta?", Diane quis saber.

"Em primeiro lugar, porque metas são sonhos com prazos", foi minha resposta. Expliquei que, quando fixávamos uma data como prazo para os nossos sonhos, estávamos dando o primeiro passo para transformá-los em metas. Próxima pergunta: "Qual é a outra coisa necessária para transformá-la numa meta?" Resposta: "A Europa é um bocado grande, um continente inteiro. Que tal estreitar um pouco essa perspectiva para um país específico ou, melhor ainda, uma região ou uma cidade?" Fui adiante e expliquei que "o sonho de um dia viver na Europa" era um bom exemplo de uma "quase meta". São sonhos que não se tornam realidade porque não estão suficientemente claros. A mente humana não se põe em movimento numa direção geral, vaga. Ela vai se colocar em movimento quando tiver em vista algo específico. Um bom exemplo é aquele que dei no capítulo anterior. Quanto mais detalhada e intensa era a imagem que Joseph Strauss fazia da ponte Golden Gate, mais perto ele estava de transformá-la em realidade.

Os adultos nessa turma em particular pareciam especialmente interessados em metas. Fizemos então exercícios adicionais e lhes ensinei os princípios básicos para definir e alcançar metas. No final, quando avaliaram o conteúdo do curso, todos disseram que a parte sobre as metas individuais tinha sido a de maior utilidade para eles. Mais tarde naquele ano, todos receberam seus diplomas da faculdade e, pouco depois, festejamos o acontecimento numa festa da turma. E então cada um seguiu seu caminho.

Mais ou menos três anos depois, recebi um envelope com selo de Viena, na Áustria. Eu o abri e li estas palavras no alto da folha: "METAS SÃO SONHOS COM PRAZOS!" Era uma carta de Diane. Nela, explicava que tinha transformado o "um dia" num ano determinado e escolhido a Áustria e Viena especificamente. Tinha agora um emprego fantástico nas Nações Unidas e estava noiva. Seu sonho tinha se tornado realidade – e que sonho! No final da carta, ela me perguntava: "Você já esteve em Viena? Há alguma chance de você vir à Áustria?" Eu nunca tinha estado lá, e Viena por acaso estava no itinerário de uma viagem planejada para aquele verão. Menos de dois meses depois de receber a carta, Diane, seu noivo, minha mulher, Cathy, e eu jantamos juntos em Viena. Que comemoração!

Este é um ótimo exemplo do que pode acontecer quando um sonho se torna uma meta. Pense no que poderia ocorrer se você se sentasse, escrevesse a lista completa das suas metas e começasse a trabalhar nelas. Sei exatamente o que iria acontecer, porque foi exatamente o que fiz há trinta anos. Essas metas tornaram-se o projeto para uma vida que me tem trazido muitas recompensas. Eu tinha cerca de trinta anos quando pela primeira vez aprendi algo sobre a importância de definir metas e as vantagens que elas nos trazem. As metas que listei na época, e as que venho acrescentando desde então, têm tornado a minha vida mais rica num grau que vai além do que eu poderia imaginar. Agora, que estou entrando na casa dos sessenta anos, tenho mais metas do que nunca e sinto um enorme prazer ao checar as que atingi e ao acrescentar novas metas à relação. Acredite em mim, é muito divertido!

MINHAS MELHORES SUGESTÕES

Se me fosse dada a oportunidade de realizar um único desejo para melhorar a educação, eu incluiria a instrução sobre a definição de metas no currículo de cada escola e faculdade. Sim, considero isso importante a esse ponto. Mais do que qualquer outra coisa, as metas nos dão uma direção, nos conduzem a realizações e trazem como resultado vidas gratificantes. Pensei em escrever um livro inteiro sobre metas. Há assunto suficiente se formos analisar as vantagens e benefícios de se definir objetivos. Coordenei jornadas que levavam um dia inteiro sobre a definição de metas, dei cursos que tinham unidades inteiras dedicadas a este tema e ainda assim nunca senti que tivesse esgotado o assunto. Então, num livro como este, não posso oferecer um quadro completo do tema. No entanto, posso lhe dar as seguintes sugestões para começar a definir metas e tornar sua vida mais estimulante.

1. Compreender a diferença entre uma meta e um desejo

Pergunte a cem pessoas quais são suas metas e estas são as três respostas que mais vai ouvir: ser feliz, ser rico e ser famoso. Estas não são *metas*, são *desejos*. Um desejo é um sonho vago do que gostaríamos que acontecesse conosco. Há uma enorme diferença entre isso e uma meta. Uma meta é um quadro claro que se torna uma realização porque *nós fazemos* com que ela aconteça. Definir as metas e persegui-las exige trabalho duro, autodisciplina e o uso adequado do nosso tempo, que são exatamente os temas de nossos três próximos capítulos.

2. Escreva suas metas e seja específico a respeito delas

Traçamos projetos para edifícios, negócios, encontros, casamentos, esportes, festas, férias, aposentadorias, etc. Mas traçamos projetos para nossas vidas? Metas são apenas isso. Um dos melhores investimentos que você jamais vai fazer é gastar algum tempo para sentar-se, pensar e escrever a lista das suas metas. Pode vir a se tornar o projeto-piloto de uma vida estimulante e recompensadora. Colocar suas metas no papel é o primeiro ato do compromisso – com você mesmo. E vê-las escritas é a primeira fase no processo que vai transformá-las em realidade.

Escreva suas metas da maneira mais específica possível. Estabeleça prazos para elas. Quanto mais preciso você for a esse respeito, mais a sua mente se sentirá mobilizada pelas metas. Eis algumas outras coisas a considerar quando você estiver traçando seu projeto de vida: Quais são os passos que você deve dar para atingir as grandes metas? Que obstáculos terá de superar? Você vai precisar da ajuda de quem? O que precisará aprender? Quais serão as recompensas? Quanto mais preciso você for ao escrever sobre suas metas, mais claro se tornará o quadro.

3. Classifique e equilibre suas metas

Uma das chaves para ter sucesso na vida é procurar sempre usar algum senso de equilíbrio. Ter metas de um único tipo é o mesmo que ter a visão limitada por antolhos. O melhor jeito de evitar isso é dividir nossas metas em categorias que nos permitam experimentar a enorme variedade da vida. Isso nos ajuda a manter uma perspectiva correta. Traz equilíbrio tanto às nossas metas como às nossas vidas.

A primeira lista de metas individuais que vi era dividida em categorias, então fiz o mesmo com a minha. Lembrem-se de que metas não são imutáveis. Não há nenhuma regra que nos impeça de mudar nossos planos. Em trinta anos, algumas de minhas metas, e até algumas de minhas categorias, mudaram à medida que meus interesses e valores foram mudando. Mas ainda estou convencido de que metas de diferentes categorias tornam a vida mais interessante. Ainda que eu estimule você a formular suas próprias categorias, talvez seja de alguma ajuda ver aquelas que venho empregando atualmente:

- Educação
- Carreira
- Renda
- Coisas que quero ter
- Família
- Diversão/Aventura (coisas que quero fazer)
- Condição física
- Crescimento pessoal
- Crescimento espiritual
- Aprender a fazer
- Viagem – no país
- Viagem – no exterior

4. Reexamine e revise periodicamente sua lista de metas

Você já fez alguma vez uma dessas listas de "coisas a fazer"? Não é verdade que, quanto mais você olha para a lista, mais coisas que estão nela vão sendo feitas? É provavelmente por isso que costumamos manter esse tipo de lista sempre à vista. Com as metas, funciona do mesmo jeito. Precisamos "vê-las" sempre, no mínimo uma vez por semana. As palavras que vemos acabam se transformando no quadro mental de que falei antes. Nós nos tornamos aquilo em que pensamos, nos tornamos as imagens mentais que construímos. Elas são como trailers das próximas atrações. Visualizar periodicamente nossas metas nos faz avançar na direção delas. É o que nos ajuda a focar melhor nossos alvos.

Também é uma boa idéia revisar nossas metas pelo menos uma vez por ano. Faço isso a cada janeiro. Se alguma coisa que escrevi anteriormente não é mais uma meta, eu a risco da lista. É agradável poder olhar para trás e ver quantas coisas você já mudou. Também acrescento novas metas e crio subcategorias, como fiz com minhas metas de viagem quando as dividi em "no país" e "no exterior". Outra coisa útil para fazer em janeiro é marcar todas as metas que você vai atingir naquele ano que está começando.

Olhe com freqüência para as suas metas, revise-as sempre que necessário e, mais importante, pense nelas (forme um quadro mental) o máximo possível.

RESUMO

Metas nos dão direção e propósito.
Metas acrescentam sentido às nossas vidas.
Metas nos propõem desafios.
Metas tornam a vida mais interessante.
Metas tornam a vida mais gratificante.
Metas melhoram nossas vidas.

Não há quase nada na Terra que possa deter uma pessoa animada por uma atitude positiva e com uma meta bem clara em vista.

Denis Waitley

13

NADA SUBSTITUI O TRABALHO DURO

A melhor recompensa que a vida oferece é a oportunidade de trabalhar duro em algo que valha a pena.

Theodore Roosevelt

AS RECOMPENSAS DO TRABALHO DURO

Motivação é algo fantástico e metas são incríveis, mas nada acontece até acrescentarmos a elas trabalho duro. Se alguma coisa vale a pena ser realizada, então vale um esforço completo. As boas coisas da vida chegam até nós como resultado do tempo, energia e sacrifício investidos – e até do risco de fracassar que assumimos. O sucesso, portanto, exige uma certa disposição para enfrentar as durezas da vida. Ele chega para aqueles que superam o medo dos desafios e que enfrentam um trabalho duro, à moda antiga. Se queremos que nossos sonhos se tornem realidade, este trabalho tem de fazer parte da fórmula.

Mas a melhor coisa sobre o trabalho duro é que ele faz mais do que transformar nossos sonhos em realidade. Traz outras recompensas e vantagens. Eis aqui dez dessas recompensas

1. *O trabalho duro nos ajuda a realizar nosso potencial.* À medida que o trabalho começa a dar resultados, nos sentimos estimulados a aumentar nossos esforços. O trabalho nos ajuda a ver o que é possível. O sucesso nos traz confiança, e confiança traz mais sucesso.

2. *O trabalho duro nos ajuda a enfrentar a vida com coragem.* A vida é dura (capítulo 2). Diariamente nos deparamos com duas opções: ficar nos lamuriando a respeito das dificuldades ou

realmente nos colocar à altura dos problemas. Trabalho duro e uma atitude positiva são os melhores recursos que temos.

3. *O trabalho duro faz com que nos sintamos bem.* Não há sentimento de maior satisfação do que o de ter realizado uma tarefa e saber que demos o melhor de nós.

4. *O trabalho duro constrói o caráter.* Não há melhor medida de quem nós somos do que nossa disposição para trabalhar. O esforço honesto e persistente traz à tona o que existe de melhor dentro de nós.

5. *O trabalho duro conquista o respeito dos outros.* As pessoas nos admiram quando damos o melhor de nós, especialmente se fazemos isso com regularidade. Ganhamos a confiança e a fé das pessoas. Construímos também uma sólida reputação.

6. *O trabalho duro aumenta nosso amor-próprio.* Dar o melhor de nós mesmos de uma maneira constante também nos ajuda a desenvolver o respeito por nós mesmos. Tenhamos ou não sucesso, nós nos sentimos melhor depois de termos efetivamente tentado.

7. *O trabalho duro dá mais sentido à vida.* Trabalhar para atingir nossas metas é uma das experiências mais significativas e gratificantes. Enquanto tivermos um objetivo, temos uma boa razão para nos levantarmos da cama de manhã.

8. *O trabalho duro obtém os melhores resultados.* A vida é mais interessante e agradável quando somos produtivos. Esta satisfação é o resultado de um esforço sério.

9. *O trabalho duro torna-se um hábito.* Os hábitos são a chave de todo sucesso (capítulo 6), e os três melhores hábitos que você pode adquirir são honestidade, cortesia e trabalho duro.

10. *O trabalho duro é bom para a saúde.* Quando trabalhamos duro, usamos nossas mentes e nossos corpos de maneira posi-

tiva, o que estimula tanto nossa saúde física como a mental. Aqueles que trabalham duro são mais saudáveis e têm uma vida mais longa. Trabalhar duro nos faz bem.

O DENOMINADOR COMUM DO SUCESSO

Algumas das mais extensas pesquisas já realizadas sobre o sucesso foram coordenadas por George e Alec Gallup, famosos por suas pesquisas de opinião pública, e por William Proctor, um repórter. Eles passaram mais de mil horas entrevistando pessoas que, graças às suas realizações, tinham sido reconhecidas como bem-sucedidas num amplo espectro de áreas: negócios, ciência, artes, literatura, educação, religião, vida militar, etc.

As entrevistas incluíam perguntas sobre a origem familiar, educação, personalidade, interesses, habilidades, crenças religiosas e valores pessoais. O objetivo dos pesquisadores era determinar o que tinham em comum essas pessoas que se destacaram em suas áreas. As respostas variaram muito a respeito dos aspectos mencionados acima, mas havia um traço comum: a disposição de trabalhar duro por muitas horas. Todas concordaram que o sucesso não era algo que simplesmente lhes acontecia graças à sorte ou aos seus talentos especiais. O sucesso acontecia porque elas faziam com que acontecesse através de um enorme esforço e de uma determinação persistente. Em vez de procurar atalhos e maneiras de evitar o trabalho duro, essas pessoas o valorizavam como uma parte necessária do sucesso. Havia um consenso entre elas de que as pessoas bem-sucedidas são aquelas que realmente *merecem* o sucesso. Todas elas pagaram seu preço.

Um dos entrevistados, ao ser perguntado por sua fórmula pessoal para o sucesso, respondeu: "Orgulho por aquilo que eu faço, mas também coragem e resistência para trabalhar as horas necessárias para atingir meus objetivos." Esta resposta era típica da maioria. Absolutamente todos eles valorizavam ao máximo a disposição para trabalhar duro por longos períodos. Eles concordavam que criar bons hábitos de trabalho (olha aí a palavra *hábito* de novo) é o ingrediente mais importante em qualquer tipo de sucesso.

Outro objetivo dos pesquisadores era responder à pergunta: "Quem pode alcançar o sucesso?" A resposta é encorajadora. Depois de reunir dados acumulados em todas as entrevistas, eles chegaram à seguinte conclusão: "Qualquer um pode alcançar o sucesso!" Muitas pessoas se contentam com posições medíocres na vida, embora tenham potencial para ser muito mais. Quase todas são capazes de ter sucesso na vida se quiserem dar os passos na direção certa. Os três passos mais importantes são: ter motivação, definir suas metas e trabalhar duro para atingi-las. Os pesquisadores disseram que não encontraram nada de surpreendente ao final da pesquisa, mas acharam algo que confirma uma antiga convicção: "O que encontramos é uma reafirmação da antiga crença americana de que trabalho duro e determinação acabam valendo a pena."

E OS ATALHOS?

Quando eu estava crescendo, nos anos 50, a mensagem era bastante simples: o sucesso é algo que você tem que fazer por merecer. É preciso ser paciente porque o sucesso exige muito trabalho duro e sacrifício durante um longo tempo. Acho que a mídia nos bombardeia hoje com uma mensagem exatamente oposta: há um jeito rápido e fácil de conseguir o que queremos. Como já mencionei, recentemente ouvi no rádio que qualquer um pode perder vinte quilos em um mês, aprender a falar uma língua estrangeira em dois, tornar-se um disc-jóquei em três semanas e ganhar milhões no mercado imobiliário. Não há dúvida de que *podemos* fazer todas essas coisas se realmente quisermos. Mas o que há de principal em cada mensagem dessas é que não temos de dar duro, esperar, brigar ou fazer qualquer sacrifício. Podemos realizar qualquer dessas coisas em poucos dias e sem o menor esforço. Pois eu acho que talvez Papai Noel seja capaz de fazer com que isso aconteça.

Infelizmente, se ouvirmos essas coisas o tempo todo, começaremos a acreditar nelas. E muita gente de todas as idades acaba engolindo essa fórmula falsificada do sucesso e adotando a mentalidade do apertar um botão junto com a filosofia de vida baseada no tudo rápido e fácil. Seu foco está no consumo, e não na produção, no prazer a curto prazo e não na satisfação a longo prazo. A descoberta de que a vida não funciona do jeito que a mídia anuncia é dolorosa. Por isso eu disse no capítulo 5 que é preciso aprender a pensar por si próprio. Não há atalhos, truques, artifícios ou segredos que levem ao sucesso. Existe apenas trabalho duro, e nada substitui isso.

TRABALHO E DIVERSÃO NÃO PRECISAM SER OPOSTOS

O propósito deste capítulo é obviamente chamar atenção para as vantagens do trabalho duro. Mas não quero dar a entender que para ter sucesso na vida temos de trabalhar o tempo todo. Isso não seria saudável nem para nós, nem para as pessoas com quem convivemos. Lembrem-se de que no capítulo 3 enfatizei a importância de rir e de se divertir. No capítulo 12 listei as categorias em que dividi minha lista de metas. Uma das mais recheadas é a que chamei de "Diversão/Aventura". Acreditem-me, eu curti muito ao fazer várias daquelas coisas e sonhar com as que ainda vou fazer.

Precisamos dar uma pausa no nosso trabalho para nos divertir e manter o equilíbrio que é tão importante na vida Mas também precisamos compreender que trabalho e diversão não se excluem. Podemos rir, brincar e nos divertir enquanto trabalhamos. Acho que dar aulas é um dos trabalhos mais duros que existem, especialmente quando queremos fazer isso direito. Ralei como um condenado durante 35 anos nessa profissão, mas também me diverti muito. Meus alunos de segundo grau e da universidade me davam dor de cabeça de vez em quando, mas a maior parte do tempo eles se mostravam ávidos por aprender, bem-educados, cheios de surpresas e divertidos. Certamente não estou sozinho ao pensar assim. Costumo conviver com pessoas positivas e conheço muitos advogados, médicos e homens de negócio que também transformam seu trabalho em diversão. Trabalhe duro, mas divirta-se fazendo isso.

Certa vez perguntaram a Armand Hammer, o grande industrial que morreu em 1990 aos 92 anos de idade, como um homem com a sua idade encontrava energia para viajar constantemente pelo mundo, fechando negócios e se encontrando com chefes de estado. Ele respondeu: "Eu adoro meu trabalho. Mal posso esperar para começar um novo dia. Nunca acordo sem estar cheio de idéias. Tudo é um desafio." George Bernard Shaw, um dos dramaturgos de maior sucesso de todos os tempos, disse algo parecido quase cem anos antes: "Quero estar completamente esgotado ao morrer, porque, quanto mais duro eu trabalhar, mais eu terei vivido." Acho que Hammer e Shaw teriam concordado comigo quando digo que não há nada que substitua o trabalho duro.

> *A mim parece que grande parte da infelicidade que existe se deve à falta de energia; e a falta de energia é resultado de não se ter nada para fazer ou de fazer algo malfeito, sem sucesso ou com incompetência. De todas as pessoas infelizes no mundo, as mais infelizes são as que não descobriram o que querem fazer. A verdadeira felicidade chega para aqueles que realizam bem seu trabalho, seguido de um período de descanso, que os faz relaxar e recuperar suas forças. A verdadeira felicidade vem da quantidade adequada de trabalho para cada dia.*
>
> Lin Yü-T'ang

14

VOCÊ TEM DE ABRIR MÃO DE ALGUMA COISA PARA CONSEGUIR O QUE QUER

Decida o que você quer, decida o que quer trocar por isso, estabeleça suas prioridades e ao trabalho!

H. Lamar Hunt

OUTRA CHAVE PARA A REALIZAÇÃO

Motivar-se, estabelecer metas e trabalhar duro vão levar você longe. Acrescente a isso autodisciplina e irá ainda além. A autodisciplina faz parte da fórmula de realização pessoal. Talvez seja a parte mais essencial, porque toda pessoa de sucesso que já conheci na vida ou sobre quem já tenha lido diz que a autodisciplina é um elemento-chave para fazer as coisas acontecerem. Sem ela, você vai realizar pouco. Com ela, você vai realizar mais do que jamais sonhou ser possível.

Já que dou tanto destaque à autodisciplina, é importante esclarecer o que ela é realmente. Mas como é um termo que costuma gerar mal-entendidos, antes preciso explicar o que ela *não é*. Algumas pessoas pensam na autodisciplina como algo a ser evitado, porque ela tem uma conotação negativa. Elas a confundem com punição auto-imposta. Muitas vezes a autodisciplina também é entendida como o ato de restringir a si mesmo ou negar a si mesmo. Ouvi recentemente alguém dizer que pessoas que têm autodisciplina são rígidas e inflexíveis. Todas essas noções são equivocadas. A verdadeira autodisciplina é uma das qualidades mais positivas que uma pessoa pode ter. Gosto da forma como o dicionário *Webster's* define a palavra disciplina: "treinamento que corrige, molda, reforça ou aperfeiçoa". O que poderia ser mais positivo do que isso? Autodisciplinar-se significa treinar-se para fazer as coisas. Significa desenvolver seu próprio plano de realizações, comprometer-se consigo mesmo e ir até o fim. Autodisciplina também pode ser vista como autodeterminação. Quando você a pratica, compreende que está exercendo controle sobre sua própria vida. É só você quem vai decidir o que fazer da sua vida. Finalmente, autodisciplina significa ter o comando sobre você mesmo.

Minha própria definição de *autodisciplina* é esta: "conseguir fazer alguma coisa, mesmo que você esteja sem muita vontade, porque as recompensas que obtém por fazer aquilo excedem em muito o desprazer provocado pela própria tarefa". Digamos que você queira ficar na melhor condição física possível. Você pode conseguir isso, mas é preciso abrir mão de alguma coisa. Isso exige trabalho duro, sacrifício, esforço e muita autodisciplina. Pergunte a qualquer nadador, corredor, levantador de peso ou triatleta se o seu treinamento é sempre divertido. Vai ouvir um retumbante NÃO como resposta. Pergunte se significa abrir mão de alguma coisa agradável em troca de algo que provoca dor e a resposta é SIM. Então, pode parecer uma coisa bem idiota de se fazer, mas deve haver uma razão para isso. Vale todo o tempo, o esforço e o sacrifício investidos? SIM! A recompensa é maior do que aquilo de que você abriu mão e dura muito mais.

Não faz diferença aquilo em que você quer ser realmente bom. Seja na arte, na música, nos esportes, negócios, computadores ou no adestramento de pulgas, você precisa desenvolver a autodisciplina. O filósofo Erich Fromm disse que sem autodisciplina nossas vidas se tornam caóticas e se ressentem de falta de concentração. Se fazemos as coisas só quando estamos a fim, elas não passam de um hobby. Fromm diz que jamais seremos bons em nada até que façamos as coisas de modo disciplinado. Uma parte importante de nosso desenvolvimento pessoal consiste em aprender a assumir a responsabilidade por nós mesmos. Autodisciplina é isso. Significa aceitar o fato de que a vida é dura e de que nada de importante é conquistado facilmente e sem pagar um preço. Significa se dispor a abrir mão de algum prazer temporário para trabalhar em algo que nos proporciona uma recompensa mais duradoura. Ela nos ajuda a entender o que Benjamin Franklin quis dizer quando afirmou que não há valor sem dor. É aí que ocorre a verdadeira realização.

GRATIFICAÇÃO ADIADA: O NÚCLEO DA AUTODISCIPLINA

Vivemos numa sociedade que cultua o conforto, o prazer, o bem-estar e a gratificação imediatos. Pense em quantas coisas podemos fazer com o simples apertar de um botão: abrir a porta da garagem, cozinhar o jantar, fazer uma ligação de telefone, mudar de canal, nos aquecer um pouco, refrescar o ambiente.

E isso só dentro de casa. Temos ainda mais botões no carro e no trabalho. Aperte um botão e a coisa será feita: é rápido e fácil. Nada de suor, nada de estresse. E para reforçar este sentimento somos alvos de mensagens que dizem: "Você pode conseguir tudo!", "Você pode conseguir agora!", "Você merece!". É óbvio que muita gente embarcou nessa filosofia. Eu lembrava disso toda vez que via o anúncio de um cartão de crédito que dizia: "Domine as possibilidades!" O anúncio mostrava imagens de todas as coisas que podemos ter e de todos os lugares exóticos aonde podemos ir apenas exibindo aquele pedacinho de plástico. Curta agora, pague depois! É assim que a vida funciona. Na verdade, é assim que a vida funciona para muita gente – gente demais. Eles correm atrás do caminho rápido, do caminho fácil porque querem curtir *agora*. Mas eles pagam *depois*. E, pode acreditar, eles pagam mesmo! Essa maneira de encarar a vida que engana tantas pessoas está virada pelo avesso. O verdadeiro sucesso vem quando pagamos agora e curtimos depois. Chama-se autodisciplina e tem no seu núcleo o princípio da gratificação adiada: a disposição e a capacidade de adiar o prazer. Significa que o trabalho, o esforço e o sacrifício vêm agora e as coisas boas, depois. Não existe gratificação mais profunda instantânea. Não há recompensa sem um preço a pagar.

Num dos capítulos anteriores, mencionei o maravilhoso livro de Scott Peck, *A Trilha Menos Percorrida*. A trilha a que ele se refere é aquela que tem uma placa logo no começo dizendo: "A vida é difícil." Estas são as três primeiras palavras do livro. É por isso que essa trilha é a menos percorrida. Há gente demais procurando pela trilha que *não* apresenta dificuldades. Estão em busca da Avenida da Moleza. Ela não existe. Peck diz que, se aprendermos a programar primeiro o esforço e o sacrifício, aumentaremos o prazer que vem mais tarde. Reparem que ele não falou em *evitar* o esforço; falou em *programá-lo*. Seja qual for o preço que venhamos a pagar para conseguir fazer alguma coisa, pague antes. Você tem de abrir mão de alguma coisa para conseguir alguma coisa.

FAZENDO ESCOLHAS: DO QUE VOCÊ SE DISPÕE A ABRIR MÃO?

Disciplina significa fazer escolhas. Toda vez que você diz sim a uma meta ou objetivo, está dizendo não a muitos outros.

Sybil *Stanton*

Três exemplos de opção pela gratificação adiada

1. Meus alunos da universidade eram em sua maioria adultos que trabalhavam em horário integral e que tinham famílias. Seu programa de estudos era muito intenso e exigente. Além de trabalharem quarenta horas ou mais em seus empregos, eles freqüentavam um curso de quatro horas uma vez por semana e esperava-se que gastassem outras vinte horas em leituras e fazendo os trabalhos. Meus alunos tinham de fazer algumas escolhas importantes se pretendiam ter sucesso naquele programa.

Do que eles abriam mão: diversão, tempo de lazer nos fins de semana, sono, férias, passeios com a família, hobbies e um estilo de vida tranqüilo.

O que conseguiam: conhecimento, um diploma de faculdade, a possibilidade de continuar aprendendo a vida inteira, a oportunidade de progredir no trabalho, um sentimento de realização, uma melhora na auto-estima, a admiração da família, dos amigos e dos colegas.

2. No fim dos anos 80, eu estava dando aulas num curso de psicologia da realização pessoal para um grupo de alunos das primeiras e das últimas séries de uma escola de segundo grau. O curso incluía uma parte sobre autodisciplina. Eu costumava mencionar o ato de economizar algum dinheiro como exemplo de algo que exigia autodisciplina. Depois da aula, uma das alunas veio conversar comigo e me contou que tinha um ótimo emprego de meio expediente, onde ganhava mais de cem dólares por semana. Mas acrescentou: "Só que eu torro tudo." Ela queria que eu fosse mais específico sobre autodisciplina e o esforço para poupar. Quando perguntei em que ela gastava seu dinheiro, respondeu: "Em coisas... e me divertindo." Perguntei se ela agüentaria viver com menos coisas e com um pouquinho menos de divertimento. Ela disse que sim, e elaboramos um plano segundo o qual ela poria quarenta dólares por semana numa poupança antes de começar a gastar seu salário.

Do que ela abriu mão: alguns poucos filmes e concertos de rock, algumas fitas de vídeo e CDs, roupas de grife, comida em lanchonetes e muitas bugigangas.

O que ela conseguiu: poucos dias antes de concluir o segundo grau, ela me mostrou o extrato da sua poupança. O total chegava a US$ 4.851,20, um bocado de dinheiro para uma garota de sua idade em 1990. Muitas vezes ela colocara mais de quarenta dólares, e ainda havia os juros. Além da aula prática de economia, ganhou uma experiência inesquecível em matéria de autodisciplina, confiança em sua capacidade de lidar com dinheiro, satisfação por ter realizado algo e melhora na sua auto-estima. Ela disse que a experiência também a tinha ajudado a compreender que as melhores coisas da vida não custam nada.

3. Há muitos anos, quando eu era um garoto, alimentava o sonho de me tornar um jogador profissional na NBA, a liga de basquete dos EUA. Eu era alto, tinha alguma capacidade atlética e um desejo ardente de chegar lá. Ao longo da escola primária e do segundo grau, eu me esforcei para desenvolver meu corpo e minhas habilidades e procurei aproveitar toda oportunidade que tinha para jogar basquete. Mas nunca entrei para a NBA. Simplesmente não era bom o suficiente. Mas todo aquele trabalho duro não foi em vão. Houve uma recompensa – só que diferente da que eu esperava.

Do que eu abri mão: parte do meu tempo de lazer, viagens para esquiar no inverno, festas e alguma vadiagem.

O que consegui: o prazer do esporte, troféus e reconhecimento, uma bolsa integral numa importante universidade (que hoje valeria mais de 150 mil dólares), colegas de time fantásticos, a educação universitária e um diploma, viagens por todo o país (incluindo o Havaí), bons hábitos de trabalho, um precioso treinamento no campo da autodisciplina e uma paixão pela boa forma física.

Em cada um desses três casos, comparem as coisas de que as pessoas abriram mão com as coisas que ganharam ao fazer isso. E então responda às perguntas:

- Qual escolha teve resultados mais duradouros?
- Qual escolha desenvolveu o caráter?
- Qual escolha teve maior significado?

Agora responda a essas duas:

- O que você realmente deseja?
- Do que se dispõe a abrir mão para conseguir isso?

AUTODISCIPLINA SIGNIFICA BONS HÁBITOS

O sucesso é a soma de pequenos esforços repetidos por dias e dias a fio.

Robert Collier

Os três casos citados acima implicavam fazer escolhas. Também tinham a ver com formar hábitos. Nisso consiste a essência da autodisciplina: fazer as escolhas certas e formar bons hábitos. Realizamos grandes coisas fazendo pequenas coisas muitas e muitas vezes. Em outras palavras: prática, prática e mais prática ainda é o melhor caminho para realizar algo, não importa o que seja. À medida que desenvolvemos bons hábitos, vamos constatando uma melhoria nos nossos resultados. Também experimentamos um sentimento cada vez mais profundo de satisfação. Estes são os frutos naturais das nossas realizações. O processo pode ser sintetizado nesta fórmula simples:

Escolhas certas – Bons hábitos – Realização – Satisfação

A maior parte das pessoas fica assistindo às coisas acontecerem ou fica pensando depois sobre o que aconteceu. A autodisciplina nos ajuda a *fazer* as coisas acontecerem. Os bons hábitos nos ajudam a fazer as coisas quando elas precisam ser feitas, não quando estamos a fim de fazê-las. Este é um ponto-chave para a nossa produtividade. É também uma das chaves para a felicidade. Autodisciplina é a maneira como transformamos nossas capacidades em habilidades e nosso potencial em realidade. Raramente nos sentimos mais felizes do que quando colhemos as recompensas pelo trabalho duro e persistente.

> *A verdadeira disciplina não está sempre atrás de nós, nos espetando com uma série de imperativos; está ao nosso lado, nos dando leves cotoveladas com seus incentivos. Quando você entende que autodisciplina tem a ver com se cuidar e não se castigar, em vez de se encolher quando a mencionam, vai cultivá-la.*
>
> Sybil Stanton

15

PESSOAS BEM-SUCEDIDAS NÃO ENCONTRAM TEMPO – ELAS FAZEM O TEMPO

Tempo é vida. É irreversível e insubstituível. Desperdiçar tempo é desperdiçar sua vida, mas ter controle sobre o seu tempo é controlar a sua vida e obter o máximo dela.

Alan Lakein

UMA DAS CAPACIDADES ESSENCIAIS DA VIDA

Você está fazendo um ótimo uso do seu tempo neste exato momento – ao ler o meu livro. Se usar o resto do seu tempo de maneira tão proveitosa quanto essa, você provavelmente não precisará ler este capítulo. Mas se de vez em quando você sente que seu tempo e sua vida estão correndo em direções opostas, poderá achar aqui algumas sugestões úteis. Os quatro capítulos anteriores falaram de capacidades que podem ajudar a transformar seu potencial em realidade: motivação, definição de metas, trabalho duro e autodisciplina. Há mais uma: saber usar seu tempo de maneira eficiente. Se conseguir combinar esta com as outras quatro, você fará parte da pequena porcentagem de pessoas que aprenderam a controlar com sucesso seu tempo e suas vidas.

Há mais de duzentos anos, Benjamin Franklin escreveu que tempo é oportunidade e que para viver plenamente temos de aprender a tirar o máximo proveito dele. Se amamos a vida, ele disse, então trataremos nosso tempo como algo precioso. Empregaremos o tempo com sabedoria. Sua famosa autobiografia é cheia de exemplos de como Franklin conseguiu controlar seu tempo.

Ainda que não ensinem a administração do tempo nas nossas escolas, temos hoje mais recursos para aprender sobre o assunto do que jamais tivemos. Há mais de cem livros publicados sobre o tema, além de uma ampla variedade de calendários e agendas, sem falar em um sem-número de programas de informática. Gosto particularmente do material sobre planejamento produzido por Stephen Covey, porque ele sempre dá ênfase a como usar *tempo de qualidade*, em vez de simplesmente encontrar um modo de empregar o tempo de maneira mais produtiva. Covey apresentou este conceito em seu livro já clássico *Os Sete Hábitos das Pessoas Altamente Eficazes* e o explicou mais detalhadamente em sua obra seguinte *Primeiro o Mais Importante*. Neste último livro, Covey diz: "Ficamos mais e mais ocupados fazendo coisas 'boas' e nunca sequer paramos para nos perguntar se o que estamos fazendo é realmente o essencial."

O passo mais importante é desenvolver um novo modo de encarar o tempo. Temos de aprender a ver o tempo como um recurso que está sempre presente, mas, como qualquer outro, pode ser bem empregado ou desperdiçado. Há porém uma grande diferença entre este recurso e os outros: não podemos poupá-lo, acumulá-lo ou armazená-lo. Não podemos ligá-lo ou desligá-lo e não podemos substituí-lo. Somos forçados a gastá-lo minuto a minuto e, uma vez gasto, não podemos recuperá-lo. É por isso que o modo como gastamos nosso tempo determina a qualidade de nossas vidas. Tempo *é* vida.

VENCEDORES E PERDEDORES: O QUE ELES FAZEM COM O TEMPO

Concentre-se sempre na maneira mais útil de empregar o seu tempo. É isso o que distingue os vencedores dos perdedores.

Brian Tracy

Um dos principais temas deste livro está expresso no título do capítulo 4: "Vivemos por opção, não por acaso". Em nenhum aspecto isso fica mais claro do que nas escolhas que fazemos sobre o uso do nosso tempo. É o que separa os vencedores dos perdedores. Não é sorte, genética, senso de oportunidade ou o fato de conhecer as pessoas certas. É o que fazemos com as 168 horas que ganhamos a cada semana. Há nítidas diferenças no modo como vencedores e perdedores encaram o tempo, falam do tempo e empregam o tempo. Eis alguns exemplos:

Perdedores	*Vencedores*
Eles matam o tempo.	Eles usam o tempo.
Eles desperdiçam tempo.	Eles usam o tempo de modo inteligente.
Eles perdem tempo.	Eles valorizam o tempo.
Eles deixam o tempo escapar.	Eles organizam seu tempo.
Eles acham que sempre haverá tempo.	Eles tratam o tempo como algo precioso.
Eles esbanjam tempo.	Eles programam seu tempo.
Eles não conseguem encontrar tempo.	Eles fazem seu tempo.

Não quero dar a entender que qualquer um que alguma vez tenha desperdiçado seu tempo seja um perdedor. Todos nós fazemos isso de vez em quando. Estou falando de gente que desperdiça tanto seu tempo que acaba desperdiçando sua vida. Também não quero sugerir que se divertir e relaxar um pouco seja perda de tempo. Enfatizei a importância disso no capítulo 3. Na verdade, a maioria das pessoas precisa se dedicar mais a esse aspecto das suas vidas. A solução é encontrar o equilíbrio. Aqui, o ponto mais importante é que as pessoas que têm sucesso compreendem que o tempo é seu recurso mais precioso. É um recurso distribuído de maneira equânime. Todo mundo tem à disposição 24 horas por dia. Aquilo que fazemos com essas horas é que determina nossas vidas.

TEMOS TODO O TEMPO DE QUE PRECISAMOS

Temos mais mecanismos para poupar nosso tempo do que jamais tivemos, e todo ano vários produtos high-tech são lançados com a garantia de que nos farão poupar ainda mais tempo. Apesar disso, nunca as pessoas reclamaram tanto da falta de tempo. Há alguns anos o *San Francisco Chronicle* publicou o resultado de uma pesquisa do Instituto Gallup. A manchete anunciava: "As pessoas sentem que o tempo está se esgotando." Na página seguinte, o artigo continuava sob o seguinte título: "Os americanos se sentem pressionados pelo tempo." E abria com essas palavras: "A briga americana contra o relógio é um fenômeno disseminado por todo o país." Os autores explicam que quase 80% das pessoas nesse país sentem que o tempo passa rápido demais e que não conseguem fazer todas as coisas que queriam. Evidentemente, alguma coisa está errada.

O que está errado é a maneira como as pessoas pensam a respeito do tempo. Elas estão cometendo dois erros básicos. Para começar, o tempo não está passando mais rapidamente agora do que passava quando o primeiro relógio foi inventado. Ainda há sessenta minutos em cada hora. Em segundo lugar, há uma razão muito simples para que as pessoas não possam fazer todas as coisas de que gostariam: elas querem fazer coisas demais. Talvez elas acreditem naquele anúncio que diz: "Você pode conseguir tudo." Mas a verdade é que não podem. E, como disse no capítulo anterior, você tem de abrir mão de alguma coisa para conseguir o que quer. Quem pensa que pode ter tudo e fazer tudo nunca terá tempo suficiente.

Dois meses depois de a pesquisa Gallup ser divulgada, outro artigo foi publicado no *Chronicle* sobre pessoas que tinham reexaminado suas prioridades. Elas tinham se detido especialmente na maneira como vinham gastando seu tempo e não ficaram felizes com o que constataram. O jeito foi fazer cortes: cortaram as atividades motivadas por sua busca de status e poder e pela necessidade de "ter tudo". Simplificaram suas vidas e com isso passaram a ter mais tempo para relaxar e dedicar-se a coisas agradáveis. Na verdade, não *tinham* mais tempo do que antes. Elas só decidiram *usar* seu tempo de outra maneira. Elas aprenderam a tratá-lo como algo precioso. Aprenderam a encontrar tempo para as coisas realmente importantes. Não é surpreendente que, segundo afirmaram, tenham melhorado sua qualidade de vida.

Tenho ouvido pessoas de todas as idades reclamarem que não têm tempo bastante. Mas isso simplesmente não é verdade. O que elas querem dizer é que não sabem administrar o tempo que têm. A maior parte das pessoas não descobre, como Stephen Covey, que o emprego eficiente do tempo é uma habilidade a ser conquistada. Usar o tempo de modo eficaz, assim como utilizar um computador, é uma habilidade que pode ser adquirida. Quanto melhor desenvolvemos uma determinada habilidade, mais eficientes nos tornamos. Então, começamos a compreender que na verdade há tempo de sobra. A antiga expressão segundo a qual sempre podemos arranjar tempo para as coisas importantes continua a ser tão verdadeira hoje como na época em que foi anunciada pela primeira vez.

O tempo não mudou. Nós mudamos. Ao longo de diferentes eras, especialistas vêm nos dizendo que há tempo de sobra. Eis alguns deles:

> *Há um tempo para tudo, e uma estação para cada atividade sob o sol...*
>
> *Eclesiastes 3: I*, rei Salomão, 925 a.C.

> *Temos sempre tempo suficiente, se o usamos da maneira correta.*
>
> Goethe, poeta alemão, 1700

> *Nunca teremos mais tempo. Temos e sempre tivemos o tempo que existe.*
>
> Arnold Bennett, escritor inglês, 1910

> *Não existe falta de tempo. Todos nós temos tempo de sobra para fazermos tudo que realmente queremos fazer.*
>
> Alan Lakein, especialista na relação tempo-eficiência, 1973

Toda manhã, quando o despertador toca, temos uma oportunidade totalmente nova para fazer o que quisermos com as horas que nos foram concedidas. Ganhamos essa folha em branco a cada novo dia do resto das nossas vidas.

Hyrum Smith, criador do Franklin Planner, 2000

QUATRO SEGREDOS PARA CONTROLAR SEU TEMPO E SUA VIDA

Há vários livros e programas de seminários inteiramente voltados para a administração individual do tempo. Por isso seria uma grande presunção achar que eu poderia ensiná-los em algumas poucas páginas a ser especialistas no assunto. Mas, ao desenvolver qualquer habilidade, começamos pelo que é básico. Há quatro pontos que considero inestimáveis. Apesar de fáceis de compreender, sua aplicação torna-se mais difícil se implicarem uma mudança de hábitos. Mas é nisso que uma administração eficaz do tempo se revela valiosa: boas escolhas e bons hábitos.

1. Planeje o seu dia

Uma vida bem-sucedida é apenas uma sucessão de dias bem-sucedidos. Então por que não obter o máximo de cada dia? Por motivos óbvios, empreiteiros têm planos de construção, executivos têm planos para seus negócios, técnicos de futebol têm planos para os jogos e professores têm planos de aula. Então, por que não fazer planos para um dia? Não é preciso que seja algo elaborado demais. Não toma muito tempo, mas funciona.

Algumas pessoas chamam isso de elaborar uma lista de "coisas a fazer". Eu chamo de definição de metas diárias. Seja lá que nome tenha, absolutamente todas as pessoas de sucesso fazem algo parecido.

De todas as maneiras positivas de usar o seu tempo, esta vem em primeiro lugar. Se você reservar dez minutos por dia (pode ser na noite anterior ou então logo no início da sua manhã) para colocar num papel as coisas que pretende realizar, numerando-as em ordem de importância, e mantiver esta relação à vista ao longo do dia, vai se espantar ao constatar como seu dia se tornará mais produtivo.

Risque cada meta diária à medida que as for atingindo. Esta é a parte que fará você se sentir recompensado. A sensação de estar realizando algo é um dos melhores sentimentos que podemos experimentar. É ótimo conseguir fazer alguma coisa e registrar essa conquista. Também mostra o seu progresso. Se você está realizando coisas diariamente é porque está vivendo de maneira produtiva. Esta é uma parte importante do processo. Realizações diárias são os tijolos com que construímos uma vida bem-sucedida.

2. Marque compromissos com você mesmo

Digamos que você tem uma tarefa que exigirá mais ou menos duas horas de trabalho e que precisa ser concluída na quinta-feira da próxima semana. A maior parte das pessoas pensa: "Vou terminar este serviço na próxima semana." Repare a diferença quando você diz: "Vou terminar esta tarefa na quinta-feira, entre 16h e 18h." Lembre-se, a mente só se põe em movimento quando é rumo a uma direção específica. Se você diz a um amigo: "Vamos nos ver um dia desses", é provável que nunca vá encontrá-lo. Mas se marca um compromisso com um amigo, aí o encontro *vai* acontecer. Em geral, costumamos cumprir nossos compromissos.

Se você tem alguma coisa que precisa ser feita e costuma adiar até o último minuto, há uma solução simples: marque um compromisso com você mesmo. Antes de se dedicar a qualquer outra atividade, tome a decisão de que a tal coisa será feita. Então decida *quando* ela será feita e se comprometa com esse prazo específico. Por mais que pareça simples, esta técnica não apenas ajuda você a fazer mais coisas como também traz algumas vantagens colaterais: desenvolve a autodisciplina, estimula a definição de metas, combate a mania de adiar as coisas e ensina você a usar seu tempo de modo mais eficiente.

3. Adote o enfoque do um pouquinho de cada vez

Uma das maneiras mais eficazes de realizar tarefas importantes é fazer as coisas aos poucos. Em vez de ficar esperando pelo estado de ânimo adequado ou pela quantidade apropriada de horas, reserve para aquela tarefa períodos específicos na programação de cada dia. Este recurso funciona melhor quando o período escolhido é o mesmo todos os dias. O segredo é ser persistente. É aí que a ação diária se transforma num hábito.

Quando nos acostumamos a fazer isso, a cada dia uma parte da tarefa é realizada. Vamos tomar como exemplo o projeto de escrever um livro. Visto como um todo é um trabalho que pode a princípio nos deixar intimidados. Mas se escrevermos uma única página por dia, mesmo se tirarmos sábados e domingos de folga, ao fim do ano teremos escrito um livro de 260 páginas.

Esta técnica também pode ser comparada à construção de uma casa de tijolos. Vistos um por um, os tijolos em si são bem pequenos, e o processo de colocá-los um a um parece terrivelmente lento. Mas, quando são dispostos regularmente um sobre o outro, esses tijolos se transformam em grandes paredes. Podemos usar pequenos blocos de tempo mais ou menos da mesma maneira. Sucesso é fruto de trabalho duro, feito pouco a pouco, dia a dia.

4. Descubra qual é sua hora mais produtiva

Todos nós parecemos ter uma espécie de "relógio corporal". Cada pessoa tem o seu. Há um determinado período do dia em que nos sentimos mais produtivos, enquanto outra pessoa se sente completamente ineficiente durante o mesmo período. Alguns são matinais, outros fazem mais o tipo noturno. Certas pessoas começam a perder o pique no meio da tarde, enquanto outras estão cheias de energia. Aparentemente, não há duas pessoas que tenham o mesmo ritmo. O importante é reconhecer seu próprio relógio interno – o período do dia em que você provavelmente vai render mais. Isso deve ser levado em conta no seu planejamento diário. Programe-se, se possível, para fazer durante essas horas a parte mais importante de seu trabalho. É isso que significa otimizar seu tempo.

UM ÚLTIMO COMENTÁRIO

Como posso escrever um parágrafo inteiro sobre o uso eficaz do tempo sem mencionar a mania de adiar, a procrastinação? Não é este o maior problema quando falamos sobre o emprego do tempo? A maioria das pessoas diz que sim, mas não estou convencido de que o hábito de adiar seja sempre ruim. Todo mundo, em alguma medida, incorre nesse costume. Há até pessoas que rendem mais deixando sempre as coisas para o último minuto e cumprindo sua tarefa sob pressão máxima. Mas são uma exceção. A maioria se sente ineficiente e culpada quando adia as coisas.

Não centrei meu foco na mania de adiar tudo porque, se você aplicar as sugestões que lhe dei para usar o tempo de maneira eficaz, não vai ter de se preocupar com essa mania. Não terá tempo para se sentir culpado por deixar as coisas para depois, porque estará ocupado demais realizando coisas. Quando você entende que o seu tempo é a sua vida, acaba tendo idéias para aproveitá-lo ao máximo. O sucesso depende do uso eficaz do tempo. Pessoas bem-sucedidas não *encontram* tempo; elas *fazem* seu tempo.

> *Faça o melhor uso possível do seu tempo, apesar de todas as dificuldades encontradas nos nossos dias.*
>
> Efésios 5:16

16

SÓ VOCÊ PODE AUMENTAR SUA AUTO-ESTIMA

Auto-estima é esse sentimento bem no seu íntimo, sob a sua pele, que você tem a respeito do seu próprio valor.

Denis Waitley

OUTRA MODA DA CALIFÓRNIA

Em seu famoso livro *Macrotendências*, John Naisbitt afirma que a Califórnia é o estado-guia quando se trata de ditar modas e tendências nos estados Unidos. É um lugar onde muitas vezes tem início um novo modo de fazer e de pensar as coisas. Nos anos 60, a geração do *Flower Power* da Califórnia começou a questionar nossos valores tradicionais, dando início ao movimento Paz & Amor. Nos anos 70, psicólogos da área de São Francisco começaram a ensinar algumas pessoas a se reciclarem, começando assim o movimento que buscava explorar o potencial humano. Na década de 80, um importante integrante da Assembléia Legislativa da Califórnia disse que na raiz de todos os problemas da sociedade estava o fato de as pessoas se menosprezarem, o que fez com que o movimento pela melhoria da auto-estima, que já havia começado, ganhasse sanção oficial.

Os educadores foram os primeiros a aderir, seguidos pelos pais e pelas pessoas que trabalham na área de serviço social. No fim, até a comunidade integrada pelos homens de negócio acabou se somando ao movimento. De todo lado começaram a surgir especialistas em auto-estima. Todos eles ofereciam um programa e uma nova maneira de fazer com que nos sentíssemos melhor a nosso respeito. E grande parte desse movimento acabou servindo de pretexto para muitas tolices. Eis algumas das sugestões apresentadas para aumentar a auto-estima: mandar um beijinho para mim mesmo cada vez que passasse diante de um espelho, repetir muitas e muitas vezes o mantra "Eu sou especial"; usar um button que diz "Posso ser amado e sou uma pessoa capaz"; receber doze abraços por dia; mudar meu penteado; escrever todos os meus problemas numa folha de papel e jogá-los numa cesta de lixo, ou torrar até dois mil dólares num workshop de fim de semana para reconstruir meu eu interior. Pura bobagem.

Algumas dessas besteiras continuaram em circulação ao longo dos anos 90, mas o movimento pela auto-estima começava a perder um pouco do seu brilho. Estávamos mais preocupados em ganhar dinheiro. Era isso que fazia uma porção de pessoas se sentirem ótimas: ter mais coisas. Muitas pessoas passaram a confundir auto-estima com puro e simples egoísmo.

Está parecendo que sou contra a auto-estima? Não sou. Na verdade, sou cem por cento a favor. Não sou é a favor do movimento da forma que acabou assumindo. Começou animado por boas intenções, mas se perdeu pelo caminho – saiu dos trilhos mesmo. O movimento foi não apenas deturpado como passou a ser ridicularizado graças às pessoas que não entendiam o que é auto-estima e àquelas que só pensavam em ganhar dinheiro com essa confusão. Havia muitos jovens ouvindo que tudo o que faziam estava certo – fosse ou não verdade. Isso não apenas estava errado como fez um grande mal a muita gente. Através do país, professores brincavam do "jogo do contente" com suas turmas na esperança de aumentar a auto-estima dos seus alunos. Na verdade, estavam criando falsas expectativas nos estudantes em relação à forma como as coisas funcionam no mundo real.

AUTO-ESTIMA DE VERDADE X FALSA AUTO-ESTIMA

Numa conferência estadual sobre auto-estima em que tomei parte, um dos principais oradores era Bill Honig, na época o altamente respeitado secretário de Educação da Califórnia. Sua palestra não seguiu o modelo exortativo do "Vocês podem fazer seus alunos se sentirem fantásticos". Em vez de adotar este tom, ele foi honesto ao compartilhar com os milhares de professores presentes suas preocupações a respeito da auto-estima e seu papel nas nossas escolas. Honig disse que era cem por cento a favor de ajudar a melhorar a auto-estima dos nossos alunos, mas seu maior receio estava relacionado à "falsa auto-estima". Ele disse: "Você pode passar um dia inteiro repetindo a um garoto que ele é incrível – seja isso verdade ou não. Mas, quando ele vai para o mundo lá fora esperando receber o mesmo tratamento, acaba esmagado." Honig enfatizou que o melhor modo de aumentar a auto-estima de um estudante consiste em lhe dar os instrumentos para que ele possa melhorar sua vida.

Finalmente alguém estava pondo o dedo na ferida. Quando ele terminou, tive vontade de me levantar e lhe dar um grande abraço. Mas me contive e limitei-me a apertar sua mão, dizendo que compartilhava suas preocupações a respeito da falsa auto-estima e que tinha ficado feliz por alguém da sua importância ter tocado no problema. Ele respondeu: "Gostaria que muitos desses professores bem-intencionados compreendessem que a auto-estima saberá cuidar melhor de si mesma se nós pudermos ajudar nossos estudantes a aprender as habilidades e atitudes necessárias para serem bem-sucedidos."

O que é, então, a *verdadeira* auto-estima? De todas as definições que já vi, a melhor é a de Denis Waitley que usei no início deste capítulo. Releia se esqueceu. Gosto da expressão "sob a sua pele". É aí que sentimos a verdadeira auto-estima. Não é algo que outra pessoa possa nos dar. É como nos sentimos de verdade a nosso respeito, mesmo quando não há ninguém por perto. Se a auto-estima é verdadeira, ela vem de dentro. Por si só, a palavra *estima* significa "saber apreciar o valor, ter em alta consideração, ter respeito sincero". Então, auto-estima é na verdade auto-respeito.

É como nos sentimos realmente sobre nós mesmos, sem ligar para o que os outros dizem. E a forma como nos sentimos a nosso respeito está intimamente ligada ao modo como o nosso caráter se desenvolve. Foi assim que a Força-Tarefa da Califórnia para a Auto-Estima, um grupo de pessoas dedicadas que ao longo de dois anos encontraram-se periodicamente para realizar pesquisas, enfatizou a responsabilidade pessoal e social no seu relatório final sobre o assunto. Só podemos nos sentir bem com nós mesmos quando nosso comportamento é positivo e somos o mais plenamente possível responsáveis por ele. Finalmente, o desenvolvimento do caráter individual é ao mesmo tempo uma escolha e uma responsabilidade. Outras pessoas podem ajudar e nos dar sugestões, mas somos nós mesmos que construímos nosso caráter e, com ele, determinamos o nível de nossa auto-estima. É uma missão estritamente interna.

DA DEPENDÊNCIA À INDEPENDÊNCIA

Há uma época em nossas vidas em que tanto a imagem que fazemos de nós mesmos como a nossa auto-estima são determinadas por outras pessoas. Quando somos crianças, nossas vidas são dominadas pelos adultos e pelas crianças mais velhas. Nós nos vemos através das mensagens que recebemos deles. Boas mensagens transmitem uma boa imagem de nós mesmos. Mensagens negativas, imagem negativa. O fato é que, quando ainda somos pequenos, reagimos às mensagens que mais ouvimos. Formamos uma imagem de nós mesmos e a partir daí desenvolvemos sentimentos coerentes com essa imagem. Temos a tendência a nos transformar naquilo que dizem de nós.

Uma das coisas mais importantes para se entender a respeito da auto-estima é que, à medida que vamos crescendo, temos de aprender a pensar por nós mesmos (capítulo 5). Precisamos entender que temos uma escolha (capítulo 4) em relação à forma como vamos responder às mensagens enviadas pelas outras pessoas. Eleanor Roosevelt disse certa vez: "Ninguém pode fazer você se sentir inferior sem o seu consentimento." Disso decorre, portanto, que ninguém pode fazer você sentir *qualquer coisa* sem o seu consentimento.

O importante é o que nós acreditamos sobre nós mesmos. Não importa se fomos ou não bem tratados quando crianças, nossa auto-estima agora é de nossa inteira responsabilidade.

Não me entendam mal. Não estou dizendo que outras pessoas não tenham importância para os nossos sentimentos. Todos nós precisamos ouvir de vez em quando que somos amados, apreciados e valorizados. Precisamos de uns abraços também. É não apenas necessário mas maravilhoso recebermos mensagens positivas de outras pessoas. Por isso escrevi o capítulo 10. Mas não podemos ficar sentados esperando que outros nos aplaudam para nos sentirmos bem. Temos de fazer coisas que nos façam sentir bem, mesmo sem os elogios dos outros. Então, quando os elogios vêm, confirmam o que já estávamos sentindo. É um prêmio e tanto!

As outras pessoas podem fazer um monte de coisas para nos sentirmos bem. Mas, no fim das contas, o modo como nos sentimos em relação a nós mesmos é resultado direto do que nós fazemos e do que nós pensamos. A verdadeira auto-estima é o respeito que temos por nós mesmos.

OS INGREDIENTES DA AUTO-ESTIMA

Eu me lembro de ter estado com minha auto-estima lá embaixo durante vários anos, apesar de estar trabalhando duro e de obter sucesso tanto na minha carreira como em outras áreas da minha vida. Mas eu ainda não gostava de mim mesmo e não me respeitava. E não sabia por quê. Descobri finalmente que trabalho duro e uma carreira de sucesso não bastavam. Estavam me faltando os ingredientes principais. Não podia me sentir à vontade comigo mesmo porque não tinha a combinação certa. É como abrir um desses cadeados com segredo: não funciona até que você tenha *todos* os números.

Acabei descobrindo as partes que faltavam e a minha auto-estima subiu vertiginosamente. Era uma sensação maravilhosa gostar de mim e me respeitar. Talvez eu seja lento para aprender as coisas, porque levou muito tempo. Mas antes tarde do que nunca. Algumas pessoas nunca chegam a obter a combinação completa. E isso me leva de volta às razões por que escrevi este livro: (1) Quero ajudar outras pessoas a descobrirem essa combinação, de preferência em menos tempo do que eu; (2) Acredito que nossa sociedade, centrada sempre no "eu", nos bombardeia com as mensagens erradas; (3) Acho que precisamos saber a diferença entre auto-estima e autobajulação; e (4) Acredito que temos um fantástico potencial para o sucesso autêntico e a verdadeira auto-estima.

Na verdade, os ingredientes da auto-estima são bastante simples. O problema é que pessoas demais, com as idéias e os motivos mais diferentes, subiram a bordo desse barco. Elas fazem a coisa parecer bem mais complicada do que é realmente. Isso acontece porque muitas dessas pessoas tinham um programa novo e revolucionário para vender. Em primeiro lugar, auto-estima não é algo que possamos comprar. E, como já disse acima, não podemos esperar recebê-la dos outros. A verdadeira auto-estima é um subproduto. Sentir-se bem consigo mesmo é uma conseqüência natural quando pensamos e fazemos as coisas certas. Apesar do que nos dizem os gurus e especialistas – artistas da autopromoção –, a auto-estima é parte de um processo natural.

Se você conseguir ser coerente nas quatro áreas da vida listadas abaixo, nunca terá de se preocupar com a auto-estima do tipo saudável. Ela será sua companheira fiel.

1. *Seja bondoso* – É impossível se sentir bem consigo mesmo quando somos mesquinhos, egoístas ou insensíveis. A maneira

como lidamos com as outras pessoas tem o efeito de um espelho: sempre reflete de volta para nós. Quanto melhor tratamos as pessoas, melhor nos sentimos com nós mesmos. Quanto mais ajudamos e estimulamos as pessoas, mais crescemos como seres humanos. Lembrem-se: boas pessoas constroem suas vidas com base no respeito (capítulo 8).

2. *Seja honesto* – Ainda não li nada que associasse a honestidade à auto-estima. Mas estou convencido de que ela é absolutamente essencial. Você pode se inscrever em todos os cursos de auto-estima que existem, mas se for desonesto não tem o direito de sentir-se bem consigo mesmo. E garanto que não conseguirá. A integridade é a pedra angular do sentimento de auto-estima. Enquanto a tiver, você será sempre respeitado pelos outros e por você mesmo. Lembrem-se: a honestidade ainda é a melhor política (capítulo 9).

3. *Seja produtivo* – Um dos "sete pecados mortais" da Idade Média era a preguiça, que significa moleza ou ociosidade. Meus filhos costumavam chamar aqueles que sentavam e ficavam sem fazer nada de "lesmas". Acho que é um ótimo termo. É muito difícil sentir-se bem consigo mesmo sendo uma lesma. Ser produtivo – aprender, planejar, realizar – é o que consolida nossa auto-estima. Lembre-se: nada substitui o trabalho duro (capítulo 13).

4. *Seja positivo* – Não podemos nos sentir bem com nós mesmos se nossas cabeças estão cheias de pensamentos negativos. Se estamos tratando os outros com respeito, sendo honestos e realizando alguma coisa com nossas vidas, precisamos dar a nós mesmos o crédito por isto. É saudável desenvolver uma boa atitude a nosso próprio respeito. Lembrem-se, atitude é uma escolha – a mais importante que você fará em sua vida (capítulo 5).

Auto-estima é a reputação que você tem junto a si mesmo.

Brian Tracy

17

O CORPO PRECISA DE ALIMENTO E EXERCÍCIO – A MENTE E O ESPÍRITO TAMBÉM

Mente, corpo e espírito agem de comum acordo para gerar saúde e bem-estar.

Dr. Carl Thoresen

A VIDA É UM ATO DE EQUILÍBRIO

Há milhares de anos, os chineses e mais tarde os filósofos gregos estudaram a vida sob três perspectivas: física, mental e espiritual. Ainda que não as interpretassem da mesma maneira, eles concordavam a respeito da sua existência e acreditavam que cada uma era tão importante quanto a outra. Também se mostravam de acordo ao afirmar que, à medida que nós aprendemos a equilibrar essas partes da nossa natureza, amadurecemos na nossa compreensão das coisas, nos tornamos mais completos como seres humanos e levamos uma vida mais plena. O problema hoje é que há gente demais – e de todas as idades – tentando levar uma vida uni ou bidimensional em um mundo tridimensional.

E é por isso que, em pleno século 21 e a caminho de todas as suas maravilhas tecnológicas, essas três dimensões da vida ficam de algum modo embaralhadas. O mundo high-tech em que vivemos hoje torna possível ir a lugares, comprar coisas e receber informações em uma velocidade estonteante. Apesar de isso ser fantástico e estimulante, *existe* também um lado negativo. Quanto mais nos vemos envolvidos no ritmo incrivelmente veloz da vida moderna e de seus confortos materiais, menos tempo temos para pensar. É mais fácil deixar que nossos equipamentos eletrônicos façam isso por nós. Mas chega o dia em que começamos a imaginar uma maneira de dar sentido a nossas vidas.

Felizmente o conhecimento da história e da filosofia da antiguidade continua entre nós, e os pensadores dos dias de hoje sugerem que prestemos mais atenção a algumas das grandes lições do passado. A lição secular de que devemos equilibrar as dimensões física, mental e espiritual das nossas vidas faz mais sentido hoje do que nunca. Estamos descobrindo que, não importa o quão fantástica seja nossa tecnologia, ela não pode fabricar felicidade ou o sentimento de realização.

CUIDANDO DO CORPO

Nosso corpo é uma máquina de viver. Ele é organizado para isso; é esta sua natureza. Deixe que a vida continue dentro dele.

Leon Tolstoi

Há alguns anos eu estava numa loja quando reparei num homem com uma camiseta que dizia: "Se soubesse que ia viver tanto, teria cuidado melhor de mim." Dei uma boa risada com aquilo. Então o observei com um pouco mais de atenção. Percebi que, apesar de ser mais ou menos da minha idade, ele estava bem acima do peso e parecia meio envelhecido. Pensei: "Bem, pelo menos ele consegue se levar na brincadeira." Mas suspeitei que havia um elemento de verdade na sua mensagem. Provavelmente ele queria *realmente* ter cuidado melhor de si mesmo.

Em nenhuma outra época de nossa história tivemos tamanha consciência das vantagens de cuidar bem do nosso corpo. Temos conhecimentos sobre nutrição e exercícios que não estavam ao nosso alcance há apenas dez anos. E presenciamos uma autêntica explosão no interesse pela boa forma e pelos exercícios. Pessoas de todas as idades estão mais atentas ao que acontece com seus corpos e se tornando mais ativas fisicamente. E estão vivendo vidas mais longas, mais saudáveis e mais produtivas.

A cruzada pela boa forma física é uma das únicas modas que posso recomendar sem reservas. Todos devem pular a bordo para sempre, não para uma viagem de curta duração. O cuidado com o corpo vem obtendo ampla divulgação e há fartas informações confiáveis sobre o assunto, tornando desnecessário que eu as repita aqui. Também não vejo necessidade de uma advertência sobre os males do tabaco, das drogas e do álcool. Tenho uma enorme confiança nas pessoas que lêem livros como este. Elas querem ter sucesso na vida e são espertas o suficiente para saber que não conseguirão atingi-lo se envenenarem seus próprios corpos.

Há apenas dois pontos que gostaria de enfatizar a respeito da boa forma física. O primeiro é que ela ajuda a assumir uma atitude prática a respeito do papel exercido pelo seu corpo. Ele não é o que você tem de mais essencial, mas é o veículo que carrega aquilo que *é* essencial. Se quando você comprou seu primeiro carro alguém lhe dissesse que aquele seria o único que teria pelo resto da vida, eu imagino que você tomaria o máximo de cuidado com ele. É isso o que acontece com o seu corpo – é o único que você vai ter pelo resto da vida. Vai rodar melhor e durar mais se você cuidar bem dele.

Em segundo lugar, estou falando da importância em manter seu corpo em boas condições, e não da importância de comparar sua aparência com a de outras pessoas. Não precisa ser candidato à capa da revista *Muscle* ou da edição sobre biquínis da *Sports Illustrated* para estar em forma e se sentir bem com você mesmo. Parte da minha rotina de exercícios físicos inclui algum levantamento de peso, mas nunca vou ficar parecendo o Arnold Schwarzenegger. Nem me preocupo com isso. Ficar se preocupando com a aparência do corpo de outras pessoas não melhora em nada a qualidade de nossas vidas. Mas tomar conta do nosso corpo, sim.

CUIDANDO DA MENTE

A mente é mais ou menos como um jardim. Se o jardim não for regado e cultivado, as ervas daninhas vão tomar conta de tudo.

Erwin G. Hall

Duvido que alguém discorde da afirmação de que o corpo funciona melhor quando obtém a combinação certa de alimentação e exercício. E a mente? Ela não tem merecido o mesmo tipo de publicidade que o corpo vem recebendo nos últimos anos, mas também precisa de alimentação e exercícios para funcionar com o máximo de eficiência. Se não prestamos atenção ao que está acontecendo dentro dela e a como a estamos usando, a mente começa a pifar.

DIETA MENTAL

Como o seu corpo poderia funcionar bem se você só comesse sorvete, doces, bolinhos de chocolate e batatas fritas e só bebesse refrigerantes? Não me entenda mal – não estou sugerindo um veto a todas essas coisas. Na verdade, eu mesmo sou conhecido por ter um fraco por algumas delas. Mas uma dieta regular com base nesses alimentos, sem os nutrientes de que o corpo precisa, acabaria com qualquer um.

Será que sua mente funcionaria direito se tudo o que você lesse fossem revistas com fofocas sobre artistas, se na TV você só assistisse às novelas e lutas-livres, se só ouvisse rap e heavy metal, e se os únicos filmes que visse fossem *Débi e Lóide* e *Pânico*? Não estou condenando nada disso, mas o que aconteceria se só entrassem essas coisas na sua cabeça? Sua mente viraria um mingau. O cérebro também precisa de nutrientes.

Como o seu corpo funcionaria se você vivesse grudado no sofá – se sua principal atividade física do dia fosse sair e entrar na cama e seu objetivo de vida fosse tornar-se uma "lesma" plenamente desenvolvida? Os músculos que não são usados se atrofiam – eles definham.

Como sua mente funcionaria se você a deixasse em ponto morto a maior parte do tempo, se pensasse que aprender é um palavrão, e vagabundar fosse sua idéia de estímulo mental? A mente que não é usada também atrofia.

É claro que os exemplos que acabei de dar são casos extremos. Durante anos eu os usei tanto com meus alunos do segundo grau como com os da universidade, e nos dois casos arranquei boas risadas deles. Mas os exemplos também ajudaram a esclarecer uma coisa. Depois das atividades em sala, um dos meus alunos adultos me disse: "Fiquei feliz por fazer isso. Precisamos prestar mais atenção ao lixo que todos os dias enfiam na nossa cabeça. Isso acontece sem que a gente sequer perceba." Era exatamente *isso* que eu queria mostrar.

A indústria da publicidade nos ataca de maneira impiedosa; os noticiários fazem questão de nos anunciar tudo de ruim que acontece no mundo; as empresas de entretenimento nos empurram fartas doses de lixo, e temos à nossa volta muita gente que vive reclamando. Tudo isso não resulta numa dieta mental saudável. Mas lembrem-se, nós vivemos através das nossas escolhas. Precisamos ser tão seletivos a respeito do que entra nas nossas mentes como do que entra nos nossos corpos. Não podemos controlar todo o lixo, mas podemos ficar mais atentos e aprender a evitar e filtrar uma boa parte dele.

Também podemos criar o hábito de garantir que coisas saudáveis entrem nas nossas mentes. Um amigo meu – com mais idade e experiência – me contou que começava cada dia alimentado por um elemento positivo. A cada manhã ele reserva um tempo para ler algo que levante seu astral ou estimule sua mente. Ele diz que essa prática não apenas o ajuda a centrar seu foco no que a vida tem de bom como o auxilia a filtrar e eliminar muita coisa negativa. Pouco depois comecei a fazer o mesmo. Adivinhe só: funciona! Este é provavelmente um dos meus melhores hábitos.

Fazemos duas escolhas importantes em relação à nossa mente:

1. O que deixamos entrar nela
2. Como a usamos

Podemos deixar as coisas certas entrarem sendo seletivos a respeito do que lemos, ouvimos e assistimos, e também escolhendo as pessoas com quem convivemos. Podemos usar nossas mentes para pensar, resolver problemas, aprender e para sermos criativos. Alguém já disse que a mente é uma coisa fantástica demais para se desperdiçar. Por que alguém desejaria desperdiçar uma ferramenta tão maravilhosa? Se for alimentada de modo apropriado e usada de maneira construtiva, a mente pode nos ajudar tanto a valorizar a vida como a vivê-la de modo mais pleno.

CUIDANDO DO ESPÍRITO

> *Na estante da vida, Deus é uma obra de referência muito útil, sempre à mão, mas raramente consultada.*
>
> Dag Hammarskjöld

Essas duas primeiras dimensões da vida – física e mental – são fáceis de entender porque temos consciência de que usamos nossos corpos e nossas mentes todos os dias. Já nossa natureza espiritual não é tão simples. Em primeiro lugar, não é tão óbvia. Muitas vezes *não* estamos conscientes dela. Em segundo lugar, a palavra *espiritual* quer dizer várias coisas diferentes para pessoas diferentes.

Por isso, quero lhes falar um pouco a meu respeito. Compreender as questões espirituais da vida foi uma das minhas maiores preocupações, e nessa busca percorri várias áreas. Em diferentes fases fui um agnóstico, um católico, um ateu, um humanista, um protestante, e adotei uma combinação de algumas das grandes religiões do Oriente. Já estudei o judaísmo, o islamismo e o hinduísmo e dediquei um ano inteiro à meditação. E durante outras épocas simplesmente aderi à crença da última mulher bonita que tinha encontrado. Mas nada disso funcionou, e continuei a sair vazio de cada experiência. Então, continuei a procurar.

Aonde me levou tudo isso? Aos ensinamentos de Jesus Cristo. Eu me tornei um cristão quando estava com 39 anos. Foi uma decisão que mudou profundamente minha vida. Até hoje fico espantado com o modo como os fragmentos da minha vida finalmente se encaixaram. Não vou nunca conseguir explicar plenamente, mas acredito num Deus que foi poderoso o bastante para criar o universo, mas ao mesmo tempo é suficientemente pessoal para querer estabelecer uma relação íntima com cada um de nós. Eu faço minhas orações todos os dias. Sou ligado a uma grande igreja e a freqüento regularmente. Estudo a Bíblia e procuro aplicar seus princípios à minha vida. Acredito num lugar chamado céu e espero chegar lá algum dia.

Mas também é preciso dizer que não me julgo um santo e não tenho todas as respostas. Nem sempre sou bem-sucedido ao tentar aplicar esses princípios bíblicos à minha vida e não saio por aí perguntando aos outros se eles foram "salvos" ou se "redescobriram a fé". Estou longe de ser perfeito, mas estou fazendo progressos. E não me importo de admitir que preciso da ajuda de Deus para permanecer no caminho certo.

Eu compreendo que muitos dos meus leitores não têm as mesmas crenças. Isso não representa um problema. Por muitos anos dei um curso chamado As Religiões do Mundo, na

Universidade de São Francisco. Essa experiência e a minha própria busca pela paz interior me levaram a desenvolver um enorme respeito pelo que as outras pessoas acreditam e deixam de acreditar. Um princípio básico da minha fé é não julgar os outros. Além disso, não escrevi este livro só para as pessoas que compartilham minha crença. Eu o escrevi para pessoas que querem obter o máximo de suas vidas. Não estou dizendo que é preciso acreditar no que eu acredito para ser feliz. O que estou dizendo é que você pode tornar sua vida mais rica se explorar e desenvolver sua natureza espiritual.

Ao conceder liberdade religiosa para o povo da antiga União Soviética no início dos anos 90, Mikhail Gorbachev afirmou que fez isso inspirado pelo que tinha visto nos outros países. Disse que pessoas que praticavam uma religião e viviam segundo seus princípios pareciam aproveitar a vida num nível mais profundo. Os russos levaram 75 anos para compreenderem isso. Eu levei 39 anos. Espero que vocês levem menos do que isso.

POR QUE NOSSA NATUREZA ESPIRITUAL É MUITAS VEZES IGNORADA

Estas são as razões mais freqüentes que levam as pessoas a evitar qualquer coisa relacionada à espiritualidade e à religião:

- O fato de não terem nenhuma experiência ou conhecimento sobre o assunto
- Experiências anteriores negativas (especialmente ter sido ameaçado com o fogo do inferno ou forçado a ir à igreja quando criança)
- As coisas vão bem; não vêem nenhuma necessidade
- Não acreditam em Deus
- Acreditam em Deus, mas não em religiões institucionalizadas

- Não gostam do jeito como se comportam algumas pessoas que vão à igreja; acham que elas são hipócritas
- Os pregadores da TV assustam; eles também são picaretas
- Igreja é muito chato
- Deus (religião) é uma fuga da realidade

Eu já ouvi todas essas desculpas e usei a maioria delas. Não é meu objetivo aqui refutá-las, mas gostaria de discutir o último ponto.

TORNANDO-SE COMPLETO

Quanto mais completos e integrados nos tornamos, melhor nos sentimos em relação a nós mesmos e à vida em geral. Um passo importante nessa direção é nos livrarmos da idéia de que qualquer coisa ligada a Deus e à religião implica uma fuga da realidade ou uma tentativa de buscar uma saída fácil. Penso que é justamente o contrário. Explorar nosso lado espiritual representa um movimento na direção do objetivo de nos tornarmos mais completos, e não no sentido de nos afastarmos dessa meta. Não há nada de fácil nessa tentativa. É muito mais difícil explorar nossas almas em toda sua profundidade do que simplesmente descartar nossa natureza espiritual como um todo. É mais fácil ignorar Deus e rejeitar qualquer religião baseando-se em explicações simplistas. No livro *A Trilha Menos Percorrida*, Scott Peck diz que "a viagem de crescimento espiritual exige coragem, iniciativa e independência de pensamento e de ação". Ele acrescenta ainda que é um processo muitas vezes solitário e difícil, porque vivemos numa sociedade que quer respostas rápidas e fáceis mesmo para as questões mais complexas da vida. Mas a vida é dura, e isso inclui a parte espiritual.

Um livro que exerceu um efeito profundo no meu pensamento sobre o lado espiritual da vida foi *Homem Algum É uma Ilha*, de Thomas Merton. Eu o li numa época em que estava me sentindo fragmentado e vazio, e o livro me ajudou a entender por quê. Merton diz que costumamos centrar o foco de nossas vidas na satisfação imediata de necessidades materiais. Ignoramos nossa natureza espiritual porque, como não é algo que possamos ver ou tocar, pensamos que não é real. Merton acredita que é justamente o contrário. Ele considera a vida espiritual parte da nossa busca por um verdadeiro eu. É isso que nos dá sustentação e esperança quando as coisas materiais perdem seu sentido. Merton me ajudou a compreender que eu precisava pôr minha vida espiritual em ordem para me sentir integrado e completo.

Dag Hammarskjöld, o ganhador do Prêmio Nobel da Paz e secretário-geral das Nações Unidas entre 1953 e 1961, escreveu no livro *Markings* (Marcas) que a busca por Deus não é uma fuga, mas uma realização – o único modo de compreender verdadeiramente a vida. Ele sentia que o relacionamento com Deus é necessário para ir além do nosso egoísmo estreito e desenvolver o conhecimento que ajuda a nos tornarmos seres humanos completos. Quando começamos a aprofundar a relação com Deus, também começamos a viver para os outros. Fazemos isso, diz ele, para salvar tanto a nossa alma como a nossa auto-estima.

Compreendo que esse assunto é bastante difícil, especialmente se você nunca pensou muito a respeito de sua vida espiritual. Teria sido mais fácil e seguro deixar esse tema de fora. Mas eu considero o tema importante demais, e não seria fiel a mim mesmo se não o incluísse. Quero estimular meus leitores, do mesmo modo que fiz com meus alunos, a desenvolver ao máximo suas potencialidades. E não acho que isso possa ser feito se o lado espiritual da vida for ignorado. Ele não precisa ser ignorado, porque alguns dos ensinamentos mais preciosos e sábios que o mundo já conheceu ainda estão registrados nos grandes livros sagrados da História. Por milhares de anos eles têm ajudado as pessoas a entender que há uma relação entre desenvolvimento espiritual, caráter e o sentimento geral de bem-estar.

Se o corpo e a mente precisam ser alimentados e exercitados, o mesmo ocorre com o espírito. Ele pode ser alimentado ao procurarmos responder às perguntas mais complexas da vida: De onde eu vim? Por que estou aqui? Aonde estou indo? Ao procurarmos as respostas, não apenas alimentamos e desenvolvemos nossa natureza espiritual como fazemos também importantes descobertas sobre a vida e sobre nós mesmos. Uma dessas descobertas é que os eternos valores representados pela honestidade e pela bondade estão no cerne de todos os grandes ensinamentos espirituais. Não há melhor maneira de exercitar o espírito.

> *Aqueles que mais amadureceram em termos espirituais são os especialistas na arte de viver. E há uma outra alegria, ainda maior. É a alegria da comunhão com Deus.*
>
> M. Scott Peck

18

TUDO BEM SE VOCÊ FALHOU – JÁ ACONTECEU COM TODO MUNDO

Se você consegue aceitar o fracasso e aprender com ele, se você se dispõe a considerar o fracasso como uma bênção disfarçada, e se você se propõe a reagir, você tem o potencial para canalizar uma das mais poderosas forças do sucesso.

Joseph Sugarman

TODO MUNDO FALHA

Finalmente, chegou o momento de escrever sobre um assunto no qual me considero um especialista: o fracasso. Não estou sozinho nisso, porque *todo mundo* em algum momento fracassa. Não alguns, não a maioria, mas todo mundo. Pergunte à pessoa mais bem-sucedida que você conhece se ela já fracassou em alguma coisa e você terá dois tipos de resposta. A primeira será um sorriso carregado de reflexão ou uma risada. A segunda será uma pergunta mais ou menos assim: "Sobre qual dos meus fracassos você quer que eu fale?" Fracassar, falhar é um fato da vida, uma parte necessária do processo da qual ninguém escapa. Não é se nós falhamos que interessa, mas sim *como* nós falhamos. A diferença entre as pessoas que têm sucesso na vida e as que não têm não está na quantidade de vezes que falham. Está no que elas fazem *depois* de fracassar.

DOIS FRACASSOS FAMOSOS

Comecei a ler biografias quando tinha 12 anos. Depois que comecei a cursar história na faculdade, o hábito se intensificou muito. Continuo a ler biografias hoje, porque descobri que são os melhores livros já escritos quando se quer saber algo sobre sucesso. Mas as biografias não tratam apenas do sucesso; elas também tratam do fracasso. Todas as pessoas que se tornaram famosas pelas suas realizações também experimentaram o sabor amargo da derrota e da decepção. Nenhuma delas teve sucesso sem antes fracassar. O segredo consistiu na forma como usaram seus fracassos.

Os dois mais famosos fracassados de que consigo lembrar são Albert Einstein e Thomas Edison. Nosso maior matemático e nosso maior inventor, muito antes de se tornarem ilustres devido às suas realizações, sofreram durante anos uma longa série de tentativas e erros, desapontamentos, frustrações e derrotas. Nenhum dos dois teria tido o sucesso que obtiveram mais tarde se não tivessem se mostrado dispostos a aprender com seus reveses e não continuassem tentando em épocas de muitas dificuldades. Os fracassos desses dois grandes homens são menos conhecidos do que suas realizações, mas são igualmente importantes.

Quando Edison estava buscando uma maneira de manter uma lâmpada elétrica acesa, ele experimentou mais de dez mil diferentes combinações de materiais sem sucesso. Quando alguém lhe perguntou como podia continuar tentando depois de ter fracassado tantas vezes, ele respondeu que não via essas tentativas como fracasso. Edison disse que tinha identificado com sucesso dez mil combinações que não funcionavam e que cada tentativa o levava para mais perto daquela que daria certo. Einstein, tido como uma das pessoas mais inteligentes que já existiram, disse: "Fico pensando e pensando durante meses e anos. Em 99 vezes a conclusão é falsa. Na centésima eu acerto."

Fracassar é uma conseqüência natural de tentar. Raramente o sucesso chega na primeira tentativa. Se pensarmos que sim, estaremos apenas armando o cenário para um grande tombo que talvez nos impeça de levantarmos e tentarmos de novo. O sucesso só chega como resultado do tempo, determinação e esforço prolongado. Edison e Einstein são exemplos perfeitos disso. Ambos foram chamados de gênios, mas nenhum dos dois gostava do título. Lembrem-se: foi o próprio Edison que nos deu essa famosa definição de "gênio": "um por cento de inspiração e 99 por cento de transpiração". O problema nos dias de hoje é que as pessoas não estão dispostas a transpirar tempo suficiente, se é que se dispõem a suar. Elas querem o sucesso instantâneo. Mas raramente o sucesso surge dessa forma. Primeiro é preciso que estejamos dispostos a falhar.

O QUE PODEMOS APRENDER COM O FRACASSO

Divido o mundo entre aqueles que aprendem e os que não aprendem. Há pessoas que aprendem, que se mostram abertas ao que acontece à sua volta, que escutam, que ouvem as lições. Quando fazem alguma coisa idiota, não a repetem. E, quando fazem algo que funciona um pouco, fazem ainda melhor e dando mais duro da próxima vez. A pergunta a fazer não é se você é um sucesso ou um fracasso, mas se é um dos que aprendem ou dos que não aprendem.

Benjamin Barber

O fracasso é um dos melhores professores da vida. Quer dizer, ele pode ser se nós decidirmos *aprender* com ele, em vez de nos deixarmos *esmagar* por ele. Estas são algumas das suas grandes lições:

- O fracasso nos ensina a ser humildes. Ele nos coloca face a face com nossas limitações e nos mostra que não somos invencíveis.
- O fracasso nos ensina a corrigir o rumo da nossa ação. Ele nos obriga a olhar o que estamos fazendo e nos dá a oportunidade de tentar uma outra direção.

- O fracasso nos ensina que nem sempre podemos ter o que queremos. Às vezes, mesmo quando fazemos tudo certo, a coisa não funciona.

- O fracasso nos ensina algo sobre a força do nosso caráter. Ele nos desafia a ir mais fundo em busca de nossos recursos quando sofremos um revés.

- O fracasso nos ensina algo sobre a nossa perseverança. Ele nos pergunta se vamos desistir ou continuar tentando.

- O fracasso nos ensina que podemos sobreviver a uma derrota. Não há vergonha em falhar, só é vergonhoso ficar com medo de se levantar e tentar de novo.

Há mais uma coisa que podemos aprender com o fracasso, e é a mais preciosa lição de todas. O fracasso pode nos tornar mais fortes. Este é o tema de uma obra maravilhosa que descobri quando trabalhava na primeira versão deste livro. Ela se chama *When Smart People Fail* [Quando pessoas inteligentes fracassam], de Carole Hyatt e Linda Gottlieb. Por terem experimentado e superado sérios golpes, as autoras quiseram saber como outras pessoas tinham lidado com o fracasso. Elas entrevistaram quase duzentas pessoas, muitas delas famosas, que também tinham sofrido grandes derrotas. Pode parecer que ler sobre os fracassos das pessoas não seja uma experiência positiva, mas essa leitura foi exatamente isso. Em vez de ser um livro deprimente, é um livro sobre a esperança, e eu o achei tremendamente inspirador. Ele me fez compreender que eu continuava a me culpar pelos erros do passado, em vez de aprender com eles.

Um dos principais argumentos do livro é que a maior parte das pessoas não compreende que, em meio aos nossos fracassos, estão escondidas fontes de crescimento e de força renovada. Na maioria das vezes é difícil perceber as vantagens que podemos obter depois de levarmos um tombo feio. Precisamos aprender, especialmente quando somos jovens, que não devemos nos envergonhar do fracasso. A verdadeira força vem da descoberta de que podemos não apenas sobreviver, mas crescer. Uma das pessoas que Hyatt e Gottlieb entrevistaram foi Keith Reemstma. Ele é um médico que vem tentando há anos encontrar uma cura para o diabetes. Mas ainda não conseguiu. Por que continua tentando? "Nunca penso no que eu faço como um fracasso", diz ele. "É só um resultado incompleto. Sempre tenho em mente o que estou tentando realizar, e cada experiência me revela um pouco mais sobre o que eu fiz de errado." Que atitude magnífica! Ele parece Edison. Saber que podemos superar uma derrota nos torna mais fortes, mais sábios e mais resistentes. E também nos dá mais esperança.

O FRACASSO NOS LEVA A FAZER ESCOLHAS

A questão não é se nós vamos fracassar, porque isso acontece com todos nós. A questão é *como* nós vamos fracassar. Temos duas opções:

1. A maneira errada de fracassar

Há dois erros comuns a respeito de fracassos. O primeiro é se esforçar demais para tentar evitá-lo. Se ficamos com medo de fracassar, nós nos tornamos temerosos demais e nunca assumimos nenhum risco. No entanto, o risco é tanto uma parte importante do sucesso como uma condição necessária para o crescimento. Marva Collins, uma extraordinária professora de Chicago que ajudou milhares de crianças a saírem de suas terríveis condições de vida, tinha uma frase predileta: "Se você não pode fazer uma besteira, então não pode fazer nada." Se não estamos dispostos a correr o risco de fracassar, então não merecemos o sucesso. O sucesso não chega *até* nós. Temos de *ir* atrás dele e conquistá-lo. Isso implica arriscarmos de algum modo nosso pescoço. Não se arriscar a um fracasso é o pior fracasso de todos.

O segundo erro que cometemos é deixar que o fracasso nos derrote. Ficamos aborrecidos, frustrados, desapontados, desencorajados. E muitas vezes desistimos e tiramos o time de campo. Não estou dizendo que esses sentimentos não sejam válidos ou reais. Não há nada de errado em sofrer depois de um grande fiasco. Mas, em vez de nos destruir, o sofrimento deveria ajudar a pôr à prova nossa determinação e nossa disposição para reagir. Há muitos séculos, Confúcio disse: "Nossa maior glória não está em nunca cair, mas em sempre nos levantarmos cada vez que caímos."

2. A maneira certa de fracassar

Na primeira página deste capítulo, eu disse que nosso sucesso é determinado em grande parte pelo que fazemos *depois* de fracassar. Aqui vão três sugestões para lidar com os grandes fracassos da vida: primeiro, encontre alguém que você considere experiente e sensato. E então converse com essa pessoa. Você vai dar vazão aos seus sentimentos de uma maneira saudável; vai descobrir o que o seu amigo aprendeu com o próprio fracasso; vai sentir-se reconfortado pelo fato de não estar sozinho; e terá um estímulo para reagir. Segundo, sente-se à mesa. Isso mesmo: sente-se a uma mesa e comece a escrever sobre o que você fez, sobre como se sente, sobre sua meta e sobre o que pretende fazer agora. Ficará surpreso ao ver o que surgirá no papel. A terceira sugestão é ler as histórias de pessoas como Lincoln, Gandhi, Martin Luther King e outros famosos fracassados. Elas podem nos encher de esperança.

"FORTALECIDOS NOS LUGARES QUEBRADOS"

No final de *Adeus às Armas*, o famoso romance de Ernest Hemingway sobre a Primeira Guerra, ele escreveu: "O mundo quebra a todos, mas muitos se fortalecem nos lugares quebrados." O mundo quebra mesmo todos nós, e não apenas uma vez. Mas, assim como um osso se torna ainda mais forte depois de ter sua fratura reparada, o mesmo acontece conosco. Tudo depende da nossa atitude e das escolhas que fazemos. Podemos ficar mais fortes nos lugares em que quebramos se optarmos por aprender com os nossos erros, corrigir nosso curso e tentar de novo. Nossos fracassos na vida, por mais dolorosos que sejam, podem vir a ser nossa mais preciosa experiência de aprendizado e nossa maior fonte de uma força renovada. Como disse certa vez o general George S. Patton: "Sucesso é a altura do seu pulo depois de atingir o fundo."

> *Não tenha medo de falhar. Não gaste energia tentando encobrir um fracasso. Aprenda com seus fracassos e enfrente o próximo desafio. Tudo bem se você fracassar. Quem não falha não está crescendo.*
>
> H. Stanley Judd

19

A VIDA É MAIS SIMPLES QUANDO SABEMOS O QUE É ESSENCIAL

Eis o meu segredo. É muito simples: só se vê bem com o coração. O essencial é invisível aos olhos.

Antoine de Saint-Exupéry,
O Pequeno Príncipe

ALGUMAS REGRAS SIMPLES

Há muitos séculos, um homem sábio chamado Confúcio disse que a vida na verdade é bastante simples, e só se torna complicada porque insistimos em complicá-la. Numa época mais recente, um homem brilhante chamado Einstein disse que precisamos lembrar que mesmo Deus sempre escolhe os caminhos mais simples. Apesar de vivermos num mundo complexo, isso não quer dizer que tenhamos de levar vidas complicadas. Mas às vezes fazemos exatamente isso, porque passamos tanto tempo lutando contra as complexidades da vida, que ignoramos os elementos de simplicidade que existem nela.

Quando eu era um calouro na faculdade, encontrei Hal DeJulio, um homem que tinha descoberto como simplificar e otimizar sua vida. Ele era um ex-aluno de sucesso que gostava de voltar à universidade e visitar os estudantes. Hal é um desses raros indivíduos que coloca paixão em tudo o que faz. Quando o conheci, deparei-me com uma pessoa cheia de energia e entusiasmo, incrivelmente positiva e capaz de rir freqüentemente e com alegria. Era um levantador de ânimo: alguém sempre de bom astral e com algo de positivo a dizer. À medida que nossa amizade crescia, fui ficando cada vez mais curioso a seu respeito. Então, um dia, perguntei: "Como é que você consegue ser assim? O que o mantém nesse pique?" Ele contou que começara a ganhar bastante dinheiro na área de vendas assim que deixou a faculdade, e ao completar trinta anos levava uma vida de esbanjamento e futilidade. Aos poucos foi percebendo que ganhar dinheiro não o satisfazia e que precisava fazer alguma outra coisa para não perder de vista suas prioridades.

Então tirou um tempo de folga e escreveu uma lista do que era importante para ele. A lista original era extensa, mas quanto mais a examinava, menor ficava. No final, ele a tinha reduzido a seis itens. Hal tirou a carteira do bolso e me mostrou um cartãozinho que guardava dentro dela: "Quando cheguei a estes seis, eu os escrevi neste cartão com o título 'Regras simples da vida'. Prometi a mim mesmo que as olharia todos os dias e que viveria o resto dos meus dias segundo estas regras." Agora, já com quase oitenta anos, ele continua a se guiar por esses princípios sólidos como rocha, e a viver de forma apaixonada. Hal nunca chegou a me mostrar a sua lista, mas me encorajou a escrever minha própria lista antes de sair da faculdade.

E eu fiz isso? Nããão! Não fiz porque pensava que tinha tudo sob controle. Mas de repente eu me vi com 39 anos às voltas com as perguntas: "O que *é* importante?, Quais são as minhas SIMPLES REGRAS DA VIDA?". Então, 22 anos depois de ele ter me falado daquela lista, escrevi uma para mim. Também acabou sendo reduzida a seis itens. Até hoje não sei se as minhas regras são as mesmas de Hal, mas suspeito que sejam parecidas. Minha lista está sobre a minha mesa de trabalho, e eu a olho todos os dias. Prometi a mim mesmo que tentaria viver segundo essas regras simples. Adivinhe. Deu certo! E continua dando.

Você já leu a respeito desses seis pontos nos capítulos anteriores, então não há nada de novo aqui. Mas quero, ao final deste livro, resumir o que considero essencial na vida, aqueles pontos que só podem ser vistos e entendidos com o coração.

O QUE É ESSENCIAL

1. Opte por ter uma **boa atitude**, não importa quais forem as circunstâncias. Encare a vida de modo positivo e sinta *sempre* gratidão.

2. Construa sua vida tendo o **respeito** como base. Ame a Deus, ame sua família, seus amigos, e seja gentil com os outros. Faça vir à tona o que existe de melhor em todas as pessoas, inclusive você.

3. Faça da integridade a pedra angular da sua vida. Respeite as regras, jogue limpo e seja **honesto** em todos os aspectos da vida.

4. Aceite as dificuldades e os desafios da vida. **Trabalhe duro** em tudo o que você fizer. E, se fracassar, tente de novo.

5. Desenvolva uma paixão pelo ato de **aprender**. Quanto mais descobrir a respeito da vida e do mundo, mais completo e realizado você vai se sentir. Transforme essa disposição num processo para durar a vida toda.

6. Aproveite a vida. Lembre-se de que você precisa brincar e se divertir. E, acima de tudo, você precisa **rir**.

Não podemos tomar parte nesse ato misterioso que é viver com alguma esperança de nos sentirmos realizados se não compreendermos algumas poucas regras bem simples.

Og Mandino

20

O ESSENCIAL NÚMERO 1 É SER UMA BOA PESSOA

Faça todo o bem que puder de todas as maneiras que puder.

John Wesley

UMA RAZÃO SIMPLES PARA SER BOM

Quando eu era apenas um garoto, meu comportamento sempre parecia melhorar logo depois do Dia de Ação de Graças. O Natal estava próximo e nos diziam, de alguma maneira nem sempre muito sutil, que ganharíamos recompensas se fôssemos bons. Uma canção tradicional nos lembrava sem parar que Papai Noel estava chegando e que era melhor tomarmos cuidado porque ele sabia tudo a nosso respeito. Ele sabia até se estávamos dormindo ou acordados. Porém, mais importante do que isso, ele sabia se nós estávamos sendo bons ou maus. Aí a coisa ficava séria. Tínhamos de ser bons se quiséssemos sair carregados de presentes na manhã do dia de Natal.

Durante o resto do ano, nos davam outras duas razões para sermos bons. Uma era o medo do castigo. Se fizéssemos alguma besteira, iríamos pagar por isso, sendo postos de castigo ou levando uma boa surra. Às vezes as duas coisas. A outra razão é que simplesmente *tínhamos* de ser bons. Tínhamos de seguir as regras, ser bem-educados, respeitar os direitos e as propriedades dos outros. Não nos davam direito a uma escolha e sequer a discutir o assunto. Tínhamos de ser bons e ponto.

Será que hoje as razões para sermos bons são diferentes? Somos recompensados por fazer coisas boas, no Natal ou em qualquer outra época, podemos ser castigados por fazer coisas ruins, e há um monte de mensagens nos lembrando que todos esperam que sejamos bons. Então, recompensas vindas de fora, medo de castigo e uma sensação de dever continuam sendo motivos válidos para sermos bons. Mas não são os únicos. Há um outro motivo, muito mais básico e importante.

SER BOM É O INGREDIENTE MAIS ESSENCIAL PARA SE MANTER A SAÚDE EMOCIONAL E ESPIRITUAL

Na condição de seres humanos, precisamos ser bons. Isso deveria ser tão simples e óbvio que você poderia até se perguntar por que eu escolhi concluir meu livro com esta mensagem. Mas um dos erros mais comuns que cometemos é não enxergar as verdades mais importantes e simples da vida. Foi o que eu fiz durante muitos anos. Levei muito tempo para perceber uma das verdades mais simples: a de que existe uma relação entre o antigo sentimento de bondade e a nossa saúde e bem-estar. É triste e surpreendente, mas muita gente nunca chega a ver isso. Espero que não seja o seu caso. E espero de todo o coração que este livro ajude você a reforçar essa convicção, porque o antigo sentimento da bondade é a essência de cada página dele.

O que quero dizer falando da bondade "antiga"? Quero dizer que ser bom é viver segundo os grandes valores morais que têm estado conosco desde que Deus criou o mundo. Esses valores que resistiram à prova do tempo são as normas preciosas que trazem ordem e dão sentido às nossas vidas. São elas que nos ajudam a nos tornar as pessoas que nascemos para ser. Viver corretamente em termos morais é a única maneira pela qual podemos viver em paz com os outros e com nós mesmos. É por isso que ser uma boa pessoa é o item número 1 da nossa lista de coisas essenciais.

Só uma vida que tem como base a bondade e a honestidade faz com que nos sintamos espiritualmente saudáveis e humanos.

Harold Kushner

CONCLUSÃO

Há quase dois mil anos, São Paulo escreveu uma carta aos seus amigos filipenses. Ele disse que tinha orado para que eles sentissem um amor que fosse pleno de sabedoria e discernimento. Então acrescentou: "Quero que sejam sempre capazes de reconhecer o que existe de mais elevado e de melhor... Quero ver suas vidas plenas de verdadeira bondade..."

Espero que este livro tenha ajudado você a reconhecer o que há de mais elevado e de melhor no mundo, nos outros e em você mesmo. E minha prece por você é no sentido de que sua vida seja plena de verdadeira bondade.

ALGUNS LIVROS QUE AJUDARAM A DAR FORMA AO MEU PENSAMENTO E À MINHA VIDA

Como Fazer Amigos e Influenciar Pessoas, Dale Carnegie. São Paulo: Editora Nacional, 2000.

Mere Christianity (O limite do cristianismo), C. S. Lewis. Macmillan, 1952.

Homem Algum É uma Ilha, Thomas Merton, São Paulo: Versus, 2003.

A Arte de Amar, Erich Fromm. Harper. São Paulo: Martins Fontes, 2000.

Em Busca de Sentido, Viktor Frankl. Rio de Janeiro: Vozes, 1991.

O Maior Vendedor do Mundo, Og Mandino. Rio de Janeiro: Record, 2003.

Confissões de Santo Agostinho. São Paulo: Paulus, 2003.

Seus Pontos Fracos, Wayne W. Dyer. Rio de Janeiro: Record/Nova Era, 1991.

A Trilha Menos Percorrida, M. Scott Peck. Rio de Janeiro: Imago, 1994.

See You at the Top (Vejo você no topo), Zig Ziglar. Pelican Publishing, 1979.

You Gotta Keep Dancin' (Você precisa continuar dançando), Tim Hansel. D. C. Cook, 1985.

Quando Tudo Não É o Bastante, Harold S. Kushner. São Paulo: Nobel, 1997.

To Thine Own Self Be True (Sê fiel ao seu próprio eu), Lewis M. Andrews. Anchor Press, 1987.

Os 7 Hábitos das Pessoas Altamente Eficazes, Stephen R. Covey. São Paulo: Best Seller, 1993.

Primeiro o Mais Importante, Stephen R. Covey. Rio de Janeiro: Campus, 2003.

A Última Grande Lição, Mitch Albom. Rio de Janeiro: Sextante, 1998.

The Gift of Peace (O presente da paz), Joseph Cardinal Bernardin. Loyola Press, 1997.

Muitos Mestres – Sabedoria de diferentes épocas para a vida diária, Wayne D. Dyer. Rio de Janeiro: Record/Nova Era, 2003.

O Que Mais Importa, Hyrum W. Smith. São Paulo: Best Seller, 2001.

O Velho Testamento.

O Novo Testamento.

OS 25 CLÁSSICOS DA EDITORA SEXTANTE

- *Muitas Vidas, Muitos Mestres, Só o Amor É Real* e *Meditando com Brian Weiss*, de Brian Weiss
- *Conversando com os Espíritos* e *Em Busca da Espiritualidade*, de James Van Praagh
- *A Última Grande Lição*, de Mitch Albom
- *Enquanto o Amor Não Vem*, de Iyanla Vanzant
- *A Oração de São Francisco*, de Leonardo Boff
- *O Ócio Criativo*, de Domenico De Masi
- *Mantenha o Seu Cérebro Vivo*, de Katz e Rubin
- *Por que os Homens Fazem Sexo e as Mulheres Fazem Amor?*, de Allan e Barbara Pease
- *Uma Ética para o Novo Milênio* e *Palavras de Sabedoria*, do Dalai-Lama
- *Histórias para Aquecer o Coração*, de Mark Victor Hansen e Jack Canfield
- *100 Segredos das Pessoas Felizes* e *100 Segredos das Pessoas de Sucesso*, de David Niven
- *Aprendendo a Gostar de Si Mesmo*, de Louise Hay
- *Um Dia "Daqueles"*, *Querida Mamãe* e *O Sentido da Vida*, de Bradley Trevor Greive
- *Você É Insubstituível* e *Dez Leis para Ser Feliz*, de Augusto Cury
- *A Vida É Bela*, de Dominique Glocheux
- *Faça o que Tem de Ser Feito*, de Bob Nelson
- *Não Leve a Vida Tão a Sério*, de Hugh Prather

Informações sobre os Próximos Lançamentos

Para receber informações sobre os próximos lançamentos da Editora Sextante, queira entrar em contato com nossa Central de Atendimento, dando seu nome, endereço e telefone para:

Editora Sextante
R. Voluntários da Pátria, 45 – 1.404 – Botafogo
22270-000 – Rio de Janeiro – RJ
Tel.: (21) 2286-9944 – Fax: (21) 2286-9244
DDG: 0800-22-6306 (ligação gratuita)
E-mail: atendimento@esextante.com.br

Para saber mais sobre nossos títulos e autores, e enviar seus comentários sobre este livro, visite o nosso site:
www.sextante.com.br

PAPEL
CHAMOIS-BULK
alta performance
alcaline

Impresso em papel Chamois Bulk Alta Performance Dunas 90g/m² da Ripasa S/A, fabricado em harmonia com o meio ambiente.